헷갈리는 초등 맞춤법

헷갈리는 초등 맞춤법

초판 1쇄 발행 2021년 6월 2일
초판 3쇄 발행 2022년 12월 19일

지은이 정가영

발행인 장상진
발행처 경향미디어
등록번호 제313-2002-477호
등록일자 2002년 1월 31일

주소 서울시 영등포구 양평동 2가 37-1번지 동아프라임밸리 507-508호
전화 1644-5613 | **팩스** 02) 304-5613

ⓒ정가영

ISBN 978-89-6518-332-7 73710

· 값은 표지에 있습니다.
· 파본은 구입하신 서점에서 바꿔드립니다.

어린이 제품 안전 특별법에 의한 표시
제품명 도서 **제조자명** 경향미디어 **제조국** 대한민국 **전화번호** 1644-5613
주소 서울시 영등포구 양평동 2가 37-1번지 동아프라임밸리 507-508호
제조년월일 2021년 6월 2일 **사용연령** 8세 이상
※ KC마크는 이 제품이 공통안전기준에 적합하였음을 의미합니다.

머리말

요즘 우리 어린이들은 한글 쓰는 것을 소중하게 생각하지 않는 것 같습니다. 물론 어른들 중에도 그런 사람들이 있지만요. 연필을 쥔 내 손이 바른 글자를 쓰지 않아도, 자판을 두드리는 내 손이 쓴 글자는 바르게 바뀌어 출력되고, 심지어 틀린 맞춤법도 몽땅 고쳐 주는 좋은 세상에 살고 있기 때문입니다. 하지만 우리가 수많은 사람과 대화하거나 글을 쓰는 모든 순간에 휴대폰이나 컴퓨터가 함께하는 것은 아닙니다.

내가 가진 지식만으로 글이나 대화의 맥락 속에서 알맞은 낱말을 선택해야 할 때도 있고, 올바른 뜻풀이로 상황을 이해해야만 할 때도 있습니다. 그렇기 때문에 많은 사람과 함께 현실 세계에서 이야기를 나누고 공감하기 위해서는 일정한 약속이 있어야만 합니다. 대화할 때 오해가 생기지 않도록, 서로 답답하지 않도록 정해 놓은 한글 약속을 지키려는 노력이 필요합니다.

『헷갈리는 초등 맞춤법』은 귀여운 과일, 채소 친구들과 함께 여러분이 한글 약속을 잘 지킬 수 있도록 도와줍니다. 소리가 비슷한 낱말과 헷갈리는 낱말을 알기 쉬운 그림으로 한 번, 쉽게 풀어 쓴 글로 또 한 번 설명해 줍니다. 구체적인 상황을 통해 소리가 비슷한 낱말과 헷갈리는 낱말을 설명해 줌으로써 어린이들이 잘 사용하지 않거나 어린이가 사용하기에는 어려운 낱말까지도 잘 이해할 수 있도록 했습니다.

이 책을 통해 조금이나마 우리 어린이들이 한글 맞춤법에 쉽게 다가갈 수 있기를 바랍니다. 친구와 이야기하다가 헷갈리는 낱말을 만났을 때 과일, 채소 친구들을 머릿속에 떠올리며 올바른 낱말을 찾아보세요.

차례

머리말 4
등장인물 10

가

가늠 VS 가름 18
가르치다 VS 가리키다 20
갔다 VS 같다 22
개발 VS 계발 24
거름 VS 걸음 26
거치다 VS 걷히다 28
건드리다 VS 건들이다 30
게 VS 께 32
게시판 VS 계시판 34
곰곰이 VS 곰곰히 36
금세 VS 금새 38
기막히다 VS 귀막히다 40
깁다 VS 깊다 42
껍데기 VS 껍질 44
꽤 VS 꾀 46
꾸다 VS 끼다 48

나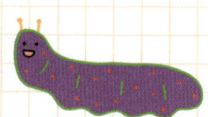

낫다 VS 낫다 50
낫다 VS 낳다 52
내 VS 네 54
너머 VS 넘어 56
너비 VS 넓이 58
느리다 VS 늘이다 60

다

다르다 VS 틀리다 62
다리다 VS 달이다 64
다치다 VS 닫히다 66
대 VS 데 68
던 VS 든 70
되 VS 돼 72
드러내다 VS 들어내다 74
들르다 VS 들리다 76
떡볶이 VS 떡복기 78
떼다 VS 띠다 80
뛰다 VS 띄다 82

마치다 VS 맞추다 84
막다 VS 맑다 86
매기다 VS 메기다 88
매다 VS 메다 90
무난 VS 문안 92
무릅쓰다 VS 무릎쓰다 94
무치다 VS 묻히다 96

바뀌었다 VS 바꼈다 98
바람 VS 바램 100
바치다 VS 받치다 102
반드시 VS 반듯이 104
배다 VS 베다 106
벌려 VS 벌여 108
베개 VS 배개 110
봉오리 VS 봉우리 112
부딪치다 VS 부딪히다 114
부치다 VS 붙이다 116
비추다 VS 비치다 118
빈털터리 VS 빈털털이 120
빌려 VS 빌어 122
빛 VS 빚 124
빨강 VS 빨간색 126

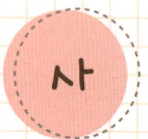

사귀었다 VS 사겼다 128
새다 VS 세다 130
설거지 VS 설겆이 132
설렘 VS 설레임 134
소꿉놀이 VS 소꼽놀이 136
수군수군 VS 수근수근 138
숨바꼭질 VS 숨박꼭질 140
시키다 VS 식히다 142

아

안 VS 않 144
앉아 VS 않아 146
알갱이 VS 알맹이 148
알다 VS 앓다 150
어떡해 VS 어떻게 152
어름 VS 얼음 154
어의 VS 어이 156
업다 VS 없다 158
엎지르다 VS 업지르다 160
역할 VS 역활 162
연예인 VS 연애인 164
연필깎기 VS 연필깎이 166
오뚝이 VS 오뚜기 168
오랜만 VS 오랫만 170
왠 VS 웬 172
우유갑 VS 우유곽 174
움츠리다 VS 움추리다 176
움큼 VS 웅큼 178
이따가 VS 있다가 180
잇다 VS 있다 182

작다 VS 적다 184
장이 VS 쟁이 186
저리다 VS 절이다 188
조리다 VS 졸이다 190
좇아 VS 쫓아 192
주꾸미 VS 쭈꾸미 194
집다 VS 짚다 196
짓다 VS 짖다 198
찌개 VS 찌게 200

통째 VS 통채 204

하마터면 VS 하마트면 206
한참 VS 한창 208
햇볕 VS 햇빛 210
헷갈리다 VS 헤갈리다 212
휴게실 VS 휴계실 214
희한하다 VS 희안하다 216

코빼기 VS 콧배기 202

등장인물

수줍음 많은 아몬 양

영리한 레몬 군

불평 많은 토마

마음씨 착한 오이

너그러운 감자 할아버지

귀여운 뭉치

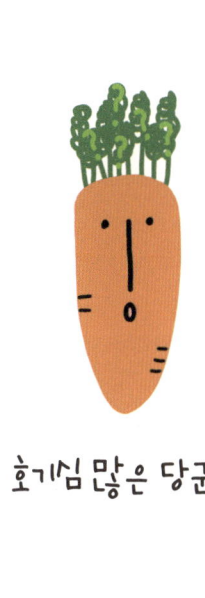
호기심 많은 당근

걱정 많은 피망이

깔끔한 레이

내일은 드디어 모두가 함께 준비한 가게 문을 여는 날이에요.
신선해 친구들이 한자리에 모였어요.

얘들아, 가게 이름표는 준비해 왔니?

흠!

물론이죠!

쉽지 않았어요.

네♡

우리 가게
이름이 뭐야?

신선…해가게!

신선애가게

신선해가게!

선서내가게!!!
선서네가개!

똑같이 들리는데   왜 쓰는 방법은 다르지?

똑같이 들리니까
아무거나 써도 돼!

그럼 내가 제일 열심히
만들었으니 내 것으로 하자.

내 것도 멋진데…

그럼 네 것도 하면 되지!

하지만 모든 친구들이
쓰고 싶은 대로 쓰면

읽는 사람이 잘못
이해할 수도 있구나!

말을 글로 적을 때는
약속이 필요할 것 같아.

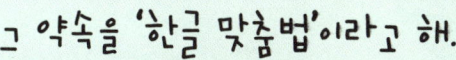

그 약속을 '한글 맞춤법'이라고 해.

우리 같이 한글 맞춤법에 대해 알아볼까?

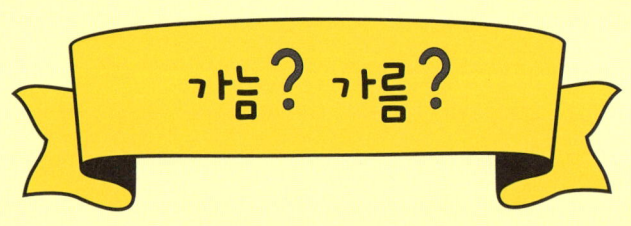

레몽 군,
우리를 도와줘.

이것 좀 똑같이
가름해 줄래?

어떻게 가름해야
할지 가늠이 잘 안 돼.

나누어서
가름해 줘.

레몽 군은 이런 것
잘하잖아.

눈으로 가늠해서
하는 것은 힘들 것 같고,

저울을 가지고 와서
똑같이 가름해 줄게.

어때? 똑같이
가름했지?

역시!

레몬 군은 똑똑해!

가늠 기준에 맞고 안 맞음을 봄

가름 쪼개거나 나누어 따로 되게 하는 일

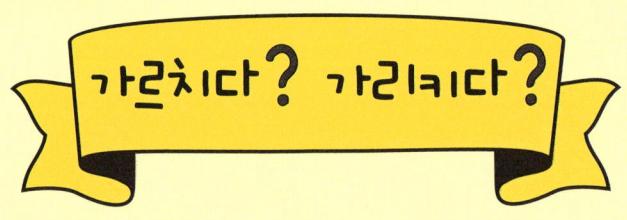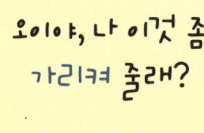

가리켜 달라며?

난 그냥 잘 몰라서
알려 달라고 한 건데?

그땐 가리켜가 아니라
가르쳐 달라고 하는 거지.

그렇구나. 그럼 나
이제 가르쳐 줄 거지?

 가르치다 모르는 것을 알려 주다.

가리키다 손가락으로 방향을 나타내다.

21

잤다? 같다?

나도 그래. 근데 혹시 그거 알아?
달걀 형제는 둘이 잤다!

달걀 형제를 처음 만나는
날이라서 기대가 되는걸!

응! 둘이 잤다고.

뭐야? 벌써 잤다고?

가 버리다니? 난 달걀 형제가
쌍둥이라고 말한 건데.

만나지도 못했는데
벌써 가 버리면 어떡해.

달걀 형제는 쌍둥이라서
생김새가 같아.
이렇게 하면 되지?

갔다고 하니까 집에 간 줄
알았잖아. 쌍둥이일 땐
같다라고 하면 돼.

갔다 🚶 한 곳에서 다른 곳으로 이동하다.

같다 👯 서로 다르지 않다.

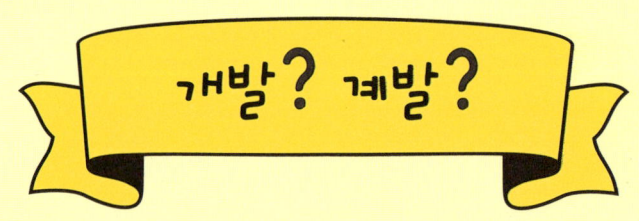

개발? 계발?

새로운 메뉴를 개발하고 있어.

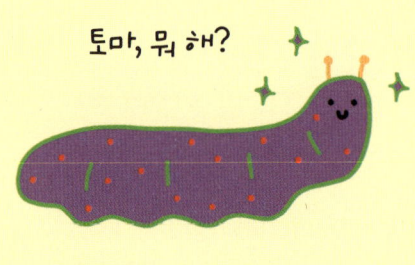

토마, 뭐 해?

응! 신선해가게를 위해서 노력해야지.

어제도 새로운 메뉴를 개발하지 않았어?

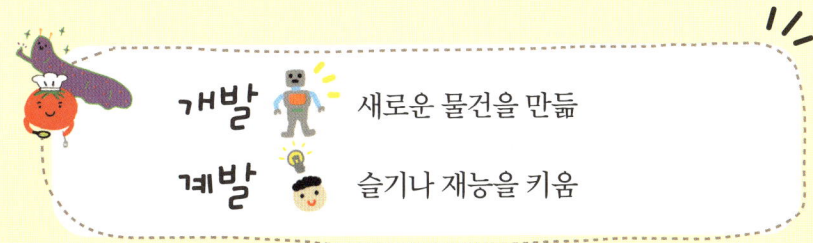

개발 　새로운 물건을 만듦
계발 　슬기나 재능을 키움

아! 내가 말한 것은 그 거름이 아닌데.

그런 경우에는 걸음이라고 해야지.

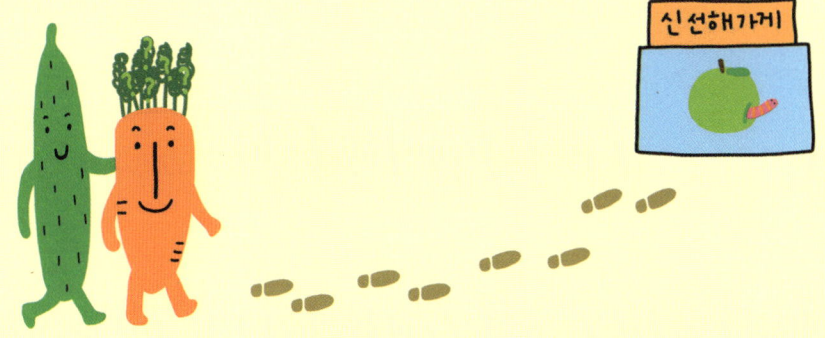

아하! 몇 걸음만 더 가면 신선해가게가 나올 거야. 힘을 내!

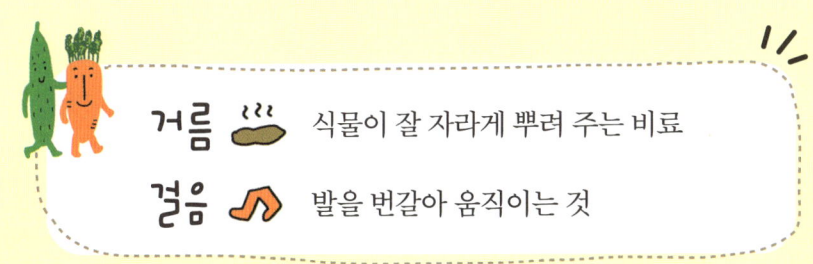

거름 　식물이 잘 자라게 뿌려 주는 비료
걸음 　발을 번갈아 움직이는 것

거치다? 걷히다?

안개 때문에 안 보이는데
운전을 잘할 수 있을까?

안개가 어서 걷혀야
할 텐데. 걱정이에요.

안개가 걷히지 않았지만
일단 출발해 볼까?

네!

당연히 휴게소를 거쳐야지!

할아버지, 가는 길에 휴게소를 거쳐 가실 거죠?

안개가 점점 걷히고 있구나. 어서 출발하자!

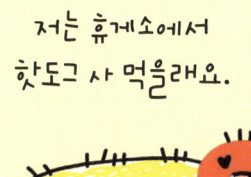

저는 휴게소에서 핫도그 사 먹을래요.

거치다 가는 길에 어디를 지나거나 들르다.

걷히다 구름이나 안개가 흩어져 없어지다.

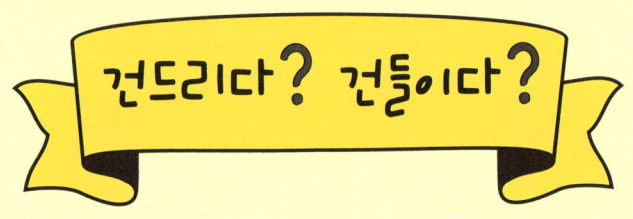

나 건들이면 안 돼!

건들이지 말라니?

접시가 깨질지도 몰라.

그러니까, 이렇게 건드리지 말라는 얘긴가?

건드리다 조금 움직일 만큼 손으로 만지다.

게? 께?

도와줄게? 도와줄께?
뭐가 맞는 거지?

레이야, 혹시 너 이거 알아?
'께'가 맞는 걸까,
'게'가 맞는 걸까?

말할 때는 줄께로 들리는데,
정말 헷갈리네.
레몽 군에게 물어보자.

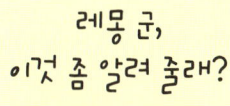

게   어떤 행동을 하기로 약속함

께   '에게'의 높임말

게시판? 계시판?

응. 내가 해 보려고.

게시판 새로 만드는 거야?

계시판 색이 마음에 안 들어?

당근, 뭔가 잘못된 것 같지 않니?

◆계시판◆

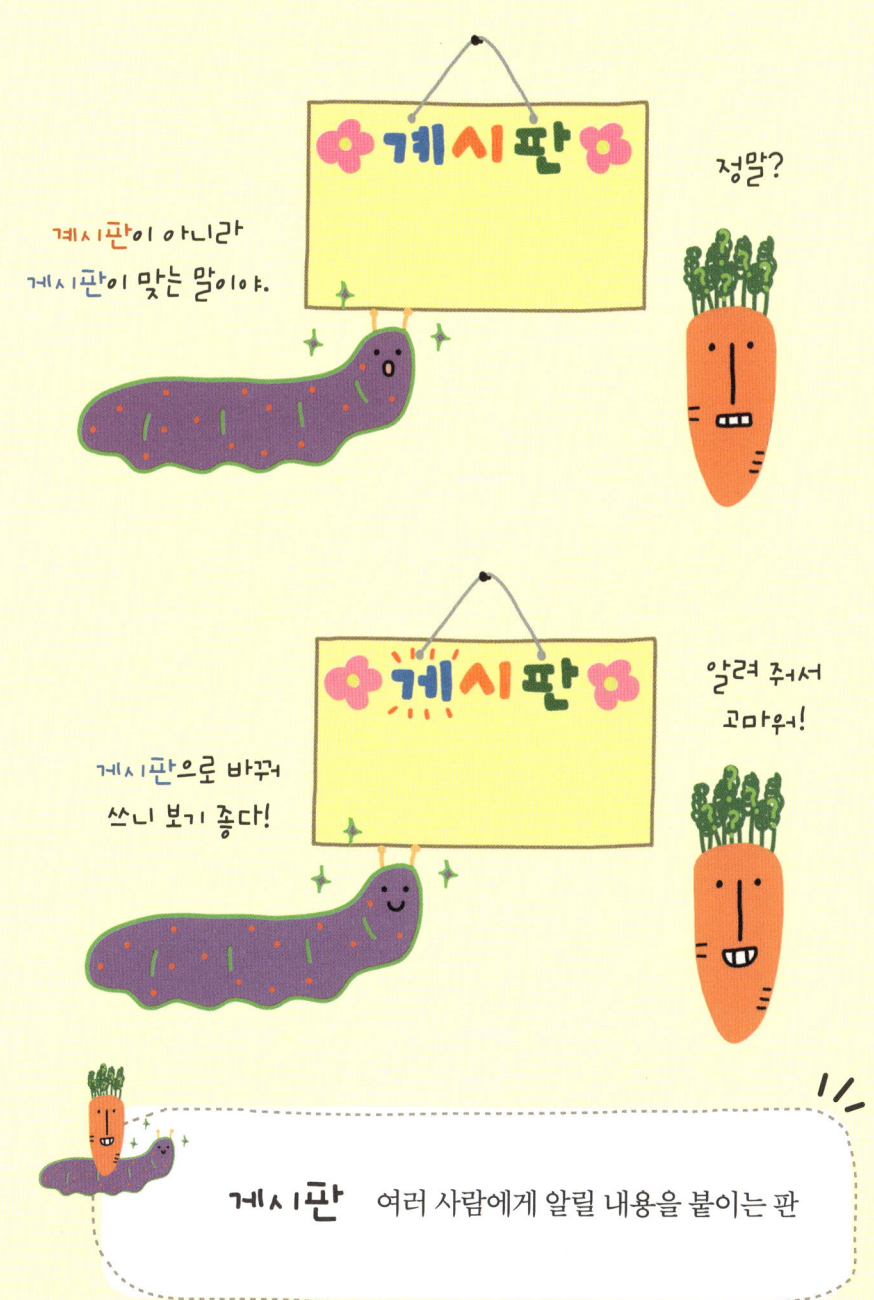

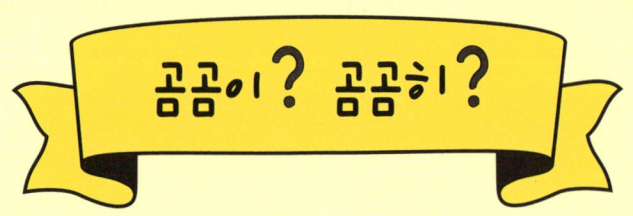

곰곰이? 곰곰히?

내가 곰곰히 생각해 봤는데 말야.

잠깐! 곰곰이 생각하면 안 돼?

응. 그러니까 내가 차분히 앉아서 곰곰히 생각을…

그게 아니라, 곰곰이 생각하면 안 되는 거야?

뭐라고??

곰곰히가 아니라 곰곰이 생각해야 한다는 말이지.

아무리 내가 틀렸어도 그렇지. 내 고민을 들어 주는 것보다 곰곰이가 더 중요하다는 거야?

미안해. 지금부터 잘 들어 줄게. 네가 곰곰이 생각한 것을 얘기해 봐.

곰곰이   깊게 생각하는 모양

금세? 금새?

벌써 다 만들었어?

응. 빨리 했지?

금세? 금새?
금새? 금세?

뭐라고???

금세 지금 바로. '금시에'를 줄인 말

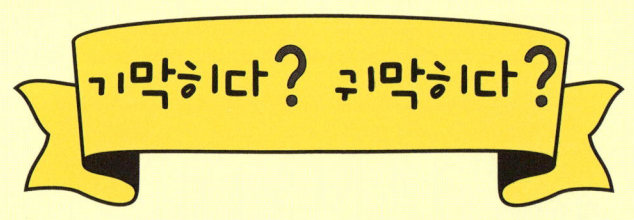

기막히다? 귀막히다?

귀가 막혀!
이거 정말 맛있다 ♥

희망아, 귀가
잘 안 들려?

아니? 나 귀 잘 들려.

귀가 막힌다고 했잖아.
정말 괜찮아?

맛있어서
귀가 막힌다고.

맛있는데 왜
귀가 막혀?

발음이 비슷해서 헷갈렸나 봐.
기가 막힌다고 해야 하는구나!

귀가 막히는 게 아니라
기가 막힌다고 해야 해.

 **기막히다** 어떤 일이 놀랍다.

깁다? 깊다?

레몽 군이 제 말을
이해하지 못해서
답답해요.

답답한 건 토마예요.
어항을 어떻게
꿰맨다는 거야?

비슷한 말 때문에 그런 거구나.
깁다는 구멍난 곳을 꿰매는 것이고,
어항은 **깊다**라고 해야겠지.

아, 그렇구나.

잘 알겠어요.

깁다 — 실과 바늘로 꿰매다.
깊다 — 겉에서 속까지의 거리가 멀다.

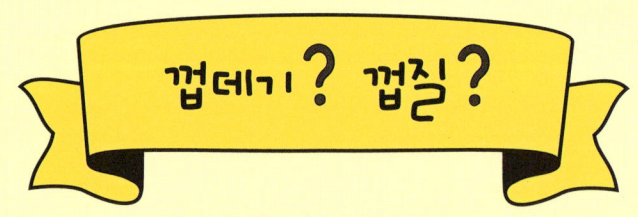

껍데기? 껍질?

토마, 양파 껍질 까는 것 좀 도와줄래?

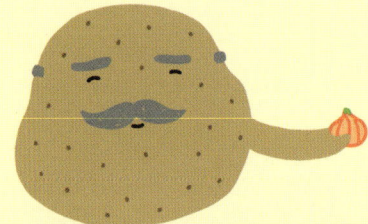

네, 할아버지!

오이는 달걀 껍데기를 벗겨 주겠니?

네… 네?

책이름 맞히기 할래?

좋아! 재밌겠다.

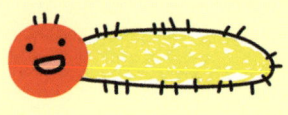

여우가 나오는 책이야.
「☐ 많은 여우」

뭘까? 한 글자지?

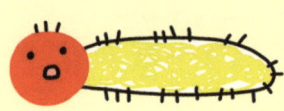

아! 알았다!
「꽤 많은 여우」맞지?

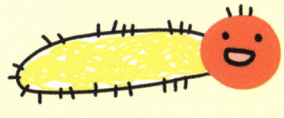

꽤를 넣으면 여우가 많다는 뜻이 되어 버리잖아!

일을 꾸며 내는 생각이나 방법을 많이 알고 있다는 뜻의 「꾀 많은 여우」라고 하면 돼.

그럼 뭐가 맞는 거야?

꽤   보통보다 조금 더한 정도

꾀   일을 꾸며 내거나 해결해 내는 생각

언제부터 거기 있었어?
이어폰을 끼고 있어서 몰랐네.

그래서 아무렇지도 않게
방귀를 뀌고 있었던 거구나.

창피해! 내가 방귀 뀐
것은 비밀로 해 줄 테야?

앞으로는 이어폰을 끼고 있을
때도 주위를 잘 살피도록 해.

뀌다 — 방귀를 몸 밖으로 내보내다.

끼다(끼우다) — 다른 것을 덧붙이거나 겹치다.

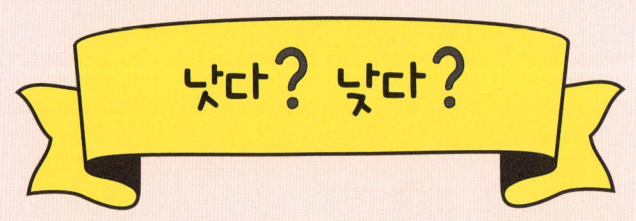

낫다? 낫다?

이 색보단 이 색이
낫다. 그치?

난 둘 다 괜찮아 보여.

그래? 그럼
높이는 어때?

아묻 양이 앉기엔
좀 높은 것 같아 보여.

아까 그것보단
이게 더 낫다!

그럼 좀 더 낮은 것으로,
이 의자는 어때?

그럼 이것으로 결정!

전에 본 것보다 높이도
더 낮고, 색깔도 더 낫고.
아주 마음에 들어.

낫다 원래 것보다 더 좋다.

낮다 기준에 미치지 못하다.

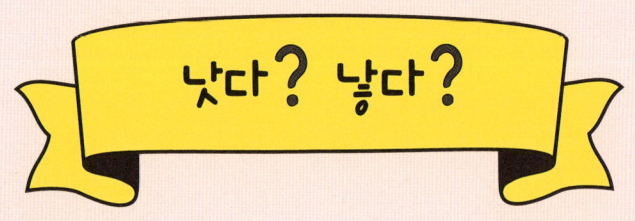

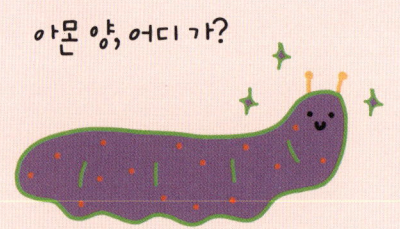

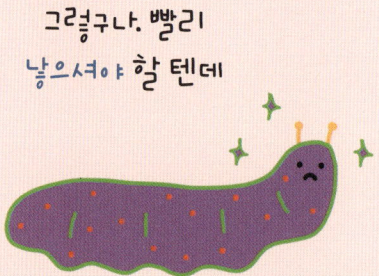

낫다 병이 고쳐져 본래대로 되다.

낳다 배 속의 아이를 몸 밖으로 나오게 하다.

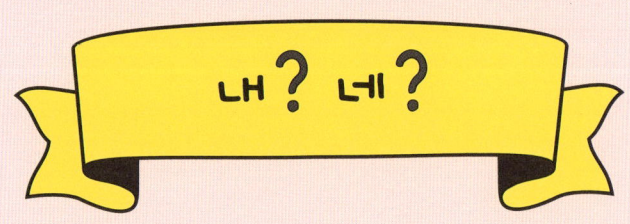

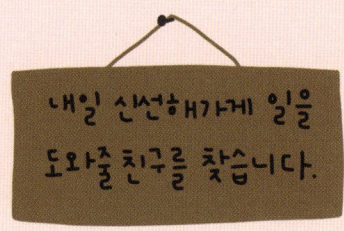

내일 네가
도와주면 되겠다.

응? 난 내일 바쁘긴
한데. 알겠어.

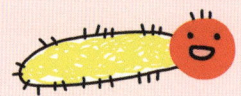

다음 날

레이야, 오늘 바쁜다며.
가게엔 어쩐 일이야?

신선해가게를
도와주러 왔지.

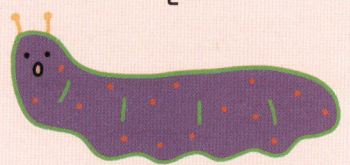

가게는 네가
도와주기로 했잖아.

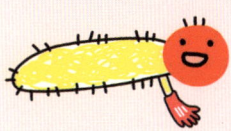

그래서 내가 왔잖아.
내가 도와줘야 한다며?

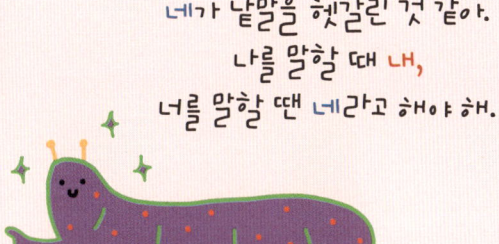

너 말고 나 말야. 나.

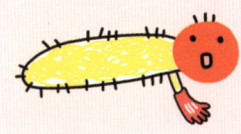

네가 낱말을 헷갈린 것 같아.
나를 말할 때 내,
너를 말할 땐 네라고 해야 해.

내가 반대로
알고 있었구나!

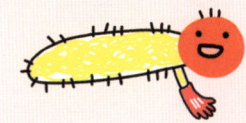

어쨌든 여기까지 왔으니
내가 가게 일을 도와줄게!

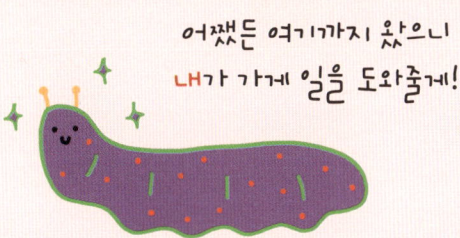

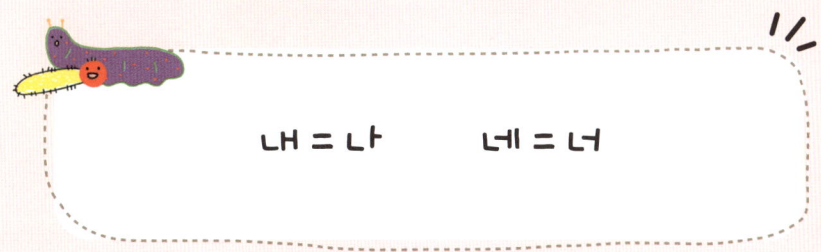

내 = 나   네 = 너

너머? 넘어?

뭉치야, 밀가루가 어디에 있는지 알아?

아마도 저 선반 너머에 있는 것 같아.

너머

선반을 넘어가 봐.

넘어가다

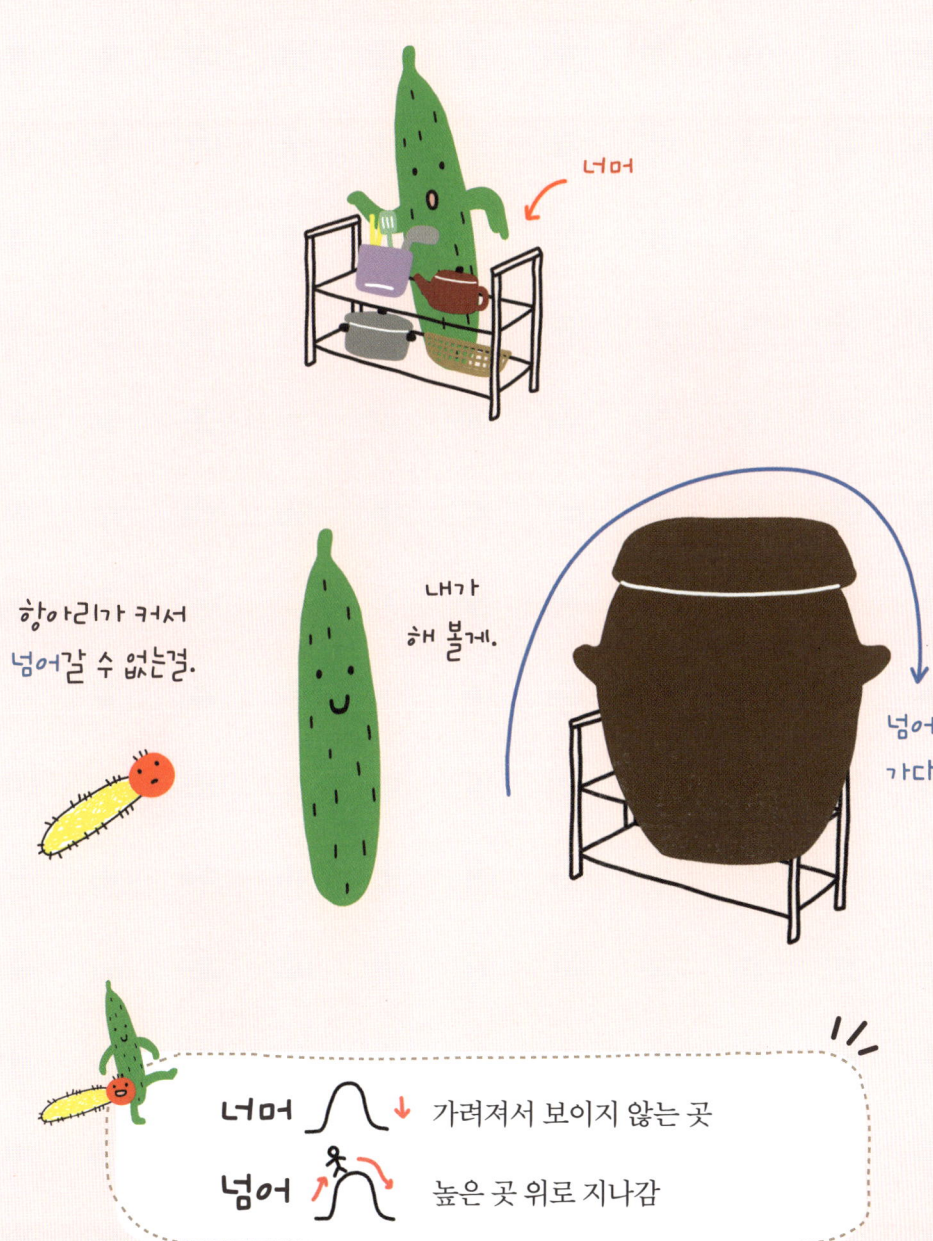

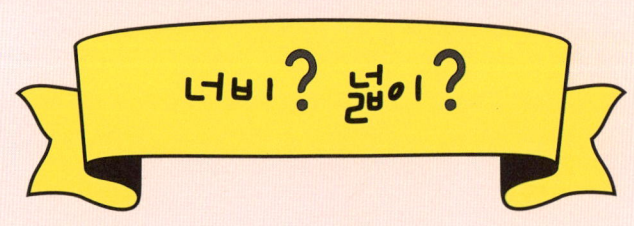
너비? 넓이?

할아버지,
뭐 하세요?

새로운 식탁을 들여놓으려고
줄자로 너비를 재는 중이었어.

그런데 너비를 재기엔
줄자가 좀 짧구나. 저쪽에서
긴 줄자를 가져다 주겠니?

네!

여러 명이 앉을 수 있는
식탁이면 좋겠어요.

그럼 판의 넓이가 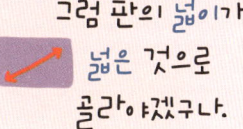 넓은 것으로 골라야겠구나.

넓은 식탁에 맛있는
음식도 많이 놓고 싶어요.

좋아! 식탁을
고르러 가 볼까?

너비   넓은 물체를 가로로 건너는 거리

넓이   일정한 공간의 크기

느리다? 늘이다?

뭉치는 대체 언제 오는 거야?

무슨 일이 생긴 건 아닐까? 걱정돼.

아닐 거야. 뭉치가 평소에도 늘이게 오잖아.

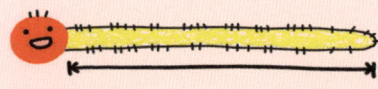

늘이게??

늘인다고?

얘들아, 내가 너무
<u>느리게</u> 왔지? 미안해!

<u>늘이다</u>고 해서
몽치가 길어진 줄 알고
깜짝 놀랐어.

시간이 오래 걸릴 땐
<u>느리다</u>라고 하는 거지.

아하! 그렇구나.

느리다 　동작을 할 때 걸리는 시간이 길다.

늘이다 　길이를 길게 하다.

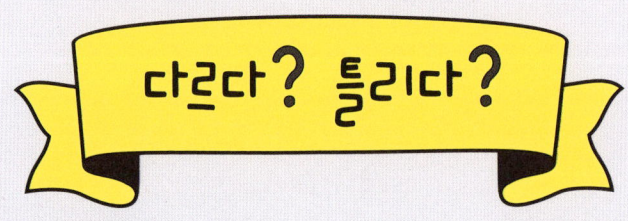

다르다? 틀리다?

딸기로 만든 음식은
다 준비됐니?

네!

네 ♥

재료는 같은데 너는
나랑 틀리게 만들었네.

내가 만든 게
틀렸다고?

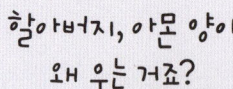

아몬 양의 요리가 틀렸다고
해서 그런 것 같구나.

할아버지, 아몬 양이
왜 우는 거죠?

네 것과 같지 않다고
표현할 땐 다르다고 해야지.
틀렸다는 건 잘못됐다는 뜻이거든.

제 것이랑 틀린 걸요?

그렇구나. 아문 양, 미안해.
네가 틀린 것이 아니라 우리가
만든 음식이 다르다는 뜻이었어.

실수한 거잖아.
괜찮아.

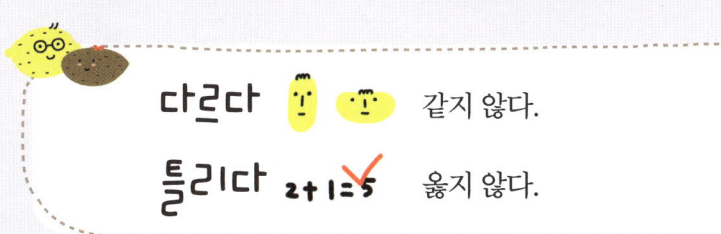

다르다　　　같지 않다.
틀리다 2+1=5　옳지 않다.

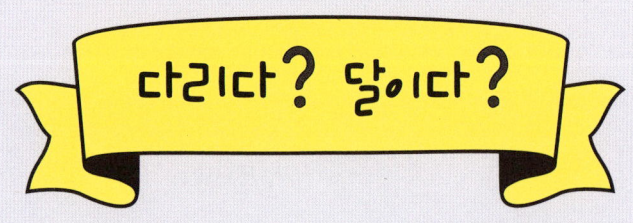

다리다? 달이다?

감자 할아버지가 아프시대.
약을 다려서 가져가려고.

희망아, 뭐 해?

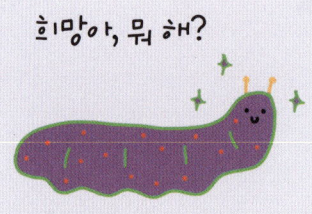

다리미가 아니고, 약을
오래 끓이면 효과가 더 좋대.

다려? 다리미로 약을
만들 수도 있어? 신기하다.

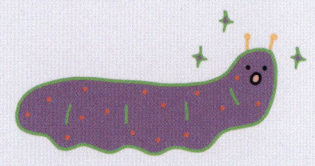

그땐 약을 **달이다**라고 해야 해.

그렇구나! 그럼 어서 약을 **달여서** 할아버지께 가자!

할아버지, 제가 약을 **달여** 왔어요. 빨리 나으세요.

허허허, 고맙구나.

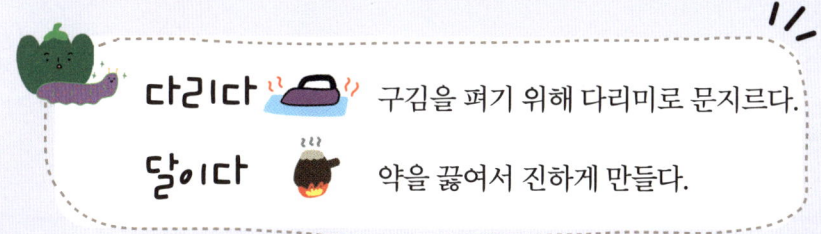

다리다 구김을 펴기 위해 다리미로 문지르다.

달이다 약을 끓여서 진하게 만들다.

다치다? 닫히다?

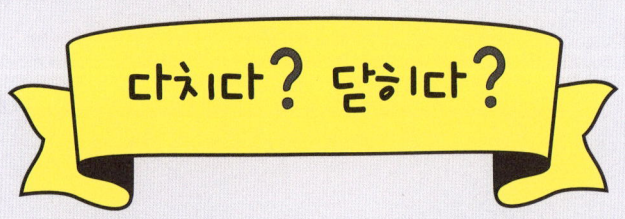

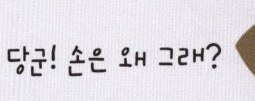
당근! 손은 왜 그래?

문이 다치는 바람에 이렇게 됐어.

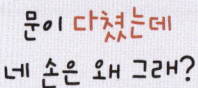
문이 다쳤는데 네 손은 왜 그래?

문이 다쳐서 내 손이 닫혔어.

문이 다쳤는데, 네 손이 닫혀 버렸다고?

출입금지

무슨 얘길 하는지 잘 모르겠다.

다치다?
닫히다?

당근! 낱말을 좀 헷갈린 것 같은데? 잘 들어 봐.

아야! 나 좀 전에 문이 닫히는 바람에 손을 다쳤어. 맞지?

문은 열리고 닫히다!
손에 상처가 난 것은 다치다!

다치다   몸에 상처가 생기다.

닫히다   열린 것이 막힌 모습으로 돌아가다.

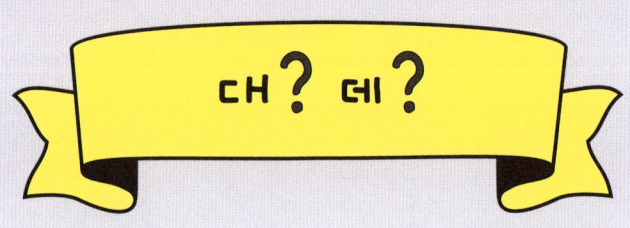

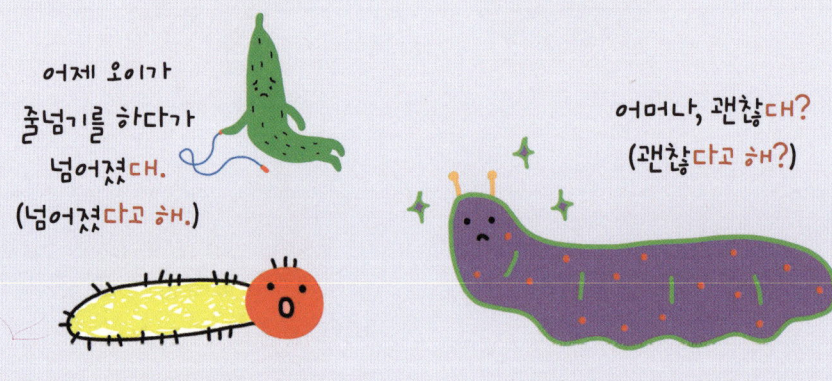

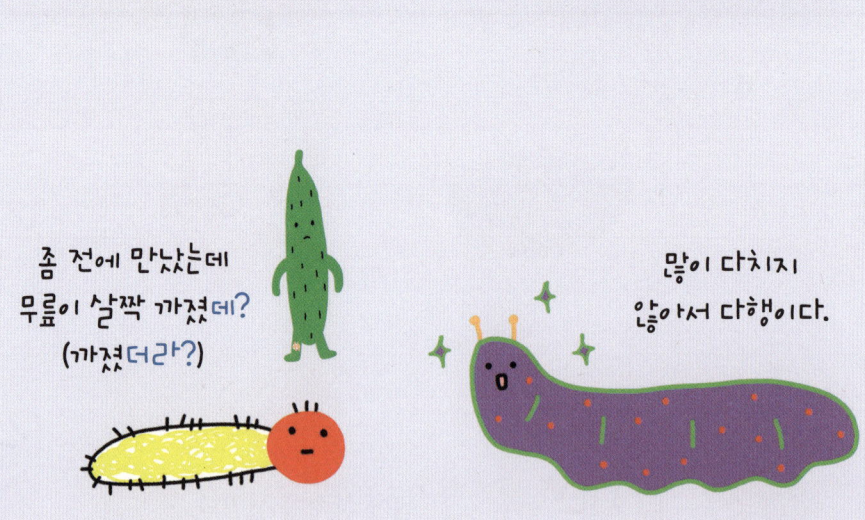

근데 또 연습한다고
줄넘기를 갖고 나가는
것 같데.(같더라.)

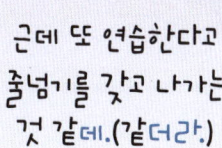

정말 열심히
하는구나!

오이가 그러는데
자기는 의지가
강하대.(강하다고 해.)

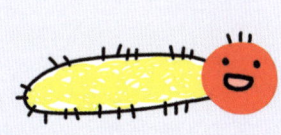

오이는 진짜
대단한 친구야!

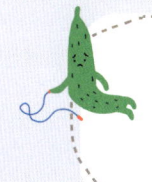

대 '~다고 해'. 남에게 들은 것을 전달할 때 쓰는 말

데 '~더라'. 경험한 것을 나중에 얘기할 때 쓰는 말

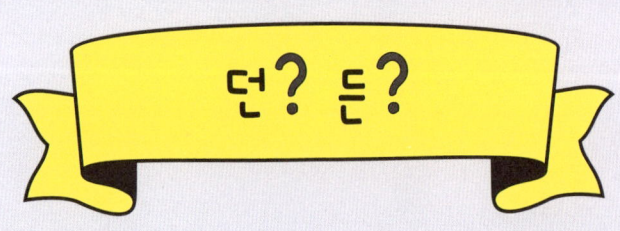

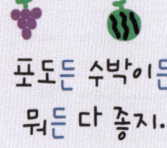

포도든 수박이든
뭐든 다 좋지.

할아버지! 올해는 텃밭에
뭘 심는게 좋을까요?

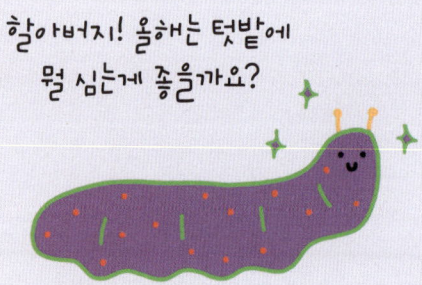

참외도 좋지!

작년에 심었던
참외는 어때요?

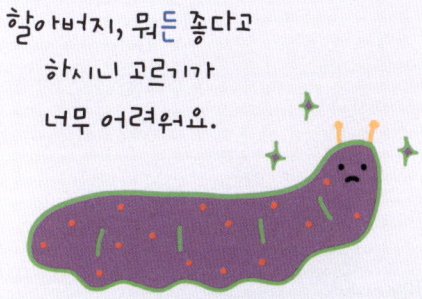

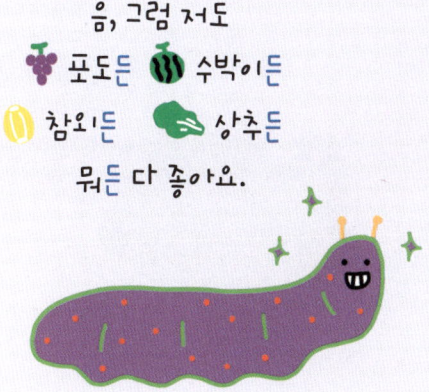

던 과거의 일을 얘기할 때 쓰는 말

든 여러 개 중에 선택을 할 때 쓰는 말

되? 돼?

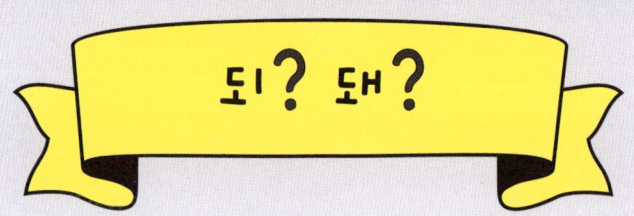

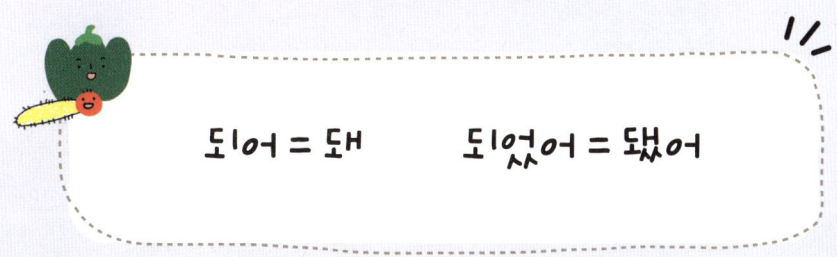

드러내다? 들어내다?

으악! 이게 다 뭐야?

택배 상자가 많아서 어떻게 들어내야 할지 모르겠어.

상자를 들어내려면 힘센 친구가 필요해.

토마에게 부탁해 보자!

드러내다 가려 있거나 보이지 않던 것을 보이게 하다.

들어내다 물건을 들어서 밖으로 옮기다.

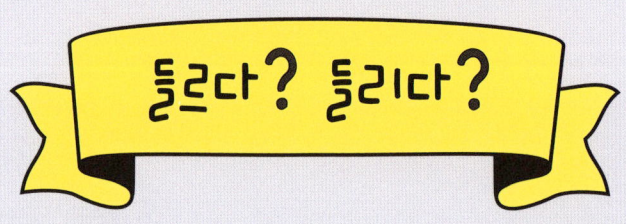

들르다? 들리다?

어디선가 레몽 군 목소리가 들리는 것 같지 않아?

랄라라~ ♪

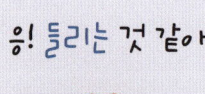
응! 들리는 것 같아.

레몽 군이 가게에 들르면 좋을 텐데.

맞아. 오늘 만든 과자를 나눠 주고 싶어.

얘들아, 안녕? 지나가던 길에 너희가 보여서 잠깐 들렀어.

레몽 군, 반가워! 마침 네 목소리가 들렸는데 와 주었구나!

우리가 만든 과자 맛 좀 봐.

자, 여기!

와! 가게에 들르길 잘했네!

들르다 지나가는 길에 잠깐 머무르다.

들리다 소리를 알아차리다.

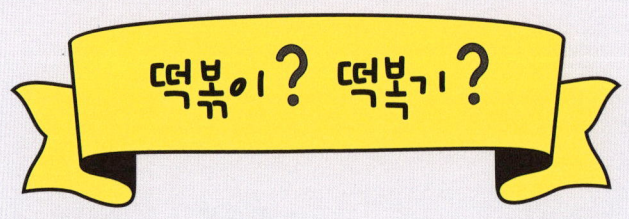

떡볶이? 떡복기?

내가 자음 문제 낼게.
맞혀 봐.

좋아!

힌트는, 우리가 아주
좋아하는 거야.

너무 쉽잖아.
떡복기!!!

조금만 더 생각해 봐. 떡볶기는 ㄸㅂㄱ인데 내가 낸 문제는 ㄸㅂㅇ이잖아.

이상하다. ㄸㅂㄱ를 네가 잘못 쓴 것 아냐?

정답은 바로 떡볶이! 거의 비슷했는데 아쉽다.

아깝다! 내가 떡볶이 사 줄게. 맞힌 것으로 해 줘.

 떡볶이 떡을 잘라 양념을 해서 볶은 음식

떼다? 띠다?

예쁜 장미잎을
뗀다고?

장미잎이 붉은 색을
띠고 있어. 예쁘지?

장미잎을 **떼**라고
하지 않았니?

어머! 얘!!!
뭐 하는 거야?

난 장미 잎 색깔이 예쁘다고 말한걸.

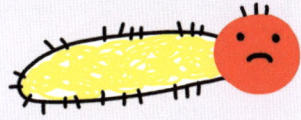

떼라고 해서 뜯어내는 건 줄 알았는데.

그땐 붉은 색을 띠고 있어서 아름답다고 해야 해.

실수했네. 창피해서 내 볼도 붉은 색을 띠고 있을 것 같아.

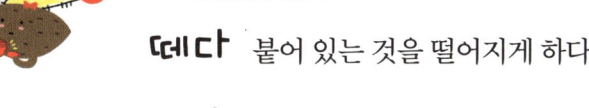

떼다 붙어 있는 것을 떨어지게 하다.

띠다 빛깔을 가지다.

뛰다? 띄다?

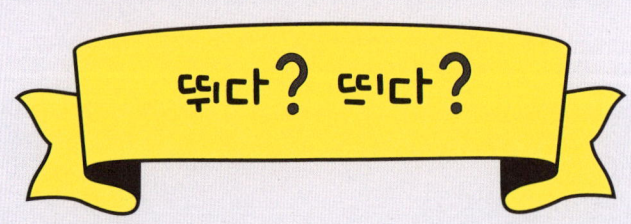

야몬 양!!

어? 레몽 군이다!

멀리서도 네가
눈에 띄어서
막 뛰어왔어.

레몽 군,
반가워!

헉헉

근데 내가 멀리서도 그렇게 잘 보여?

응! 나에겐 항상 네가 눈에 띄는걸!

역시 날 좋아해 주는 건 레몽 군뿐이야!

당연하지 ♥ 늦겠다! 우리 뛰어갈까?

뛰다   발을 빠르게 움직여 나아가다.

띄다   뜨이다. 눈에 잘 보이다.

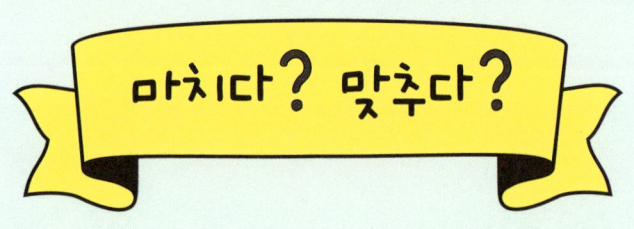

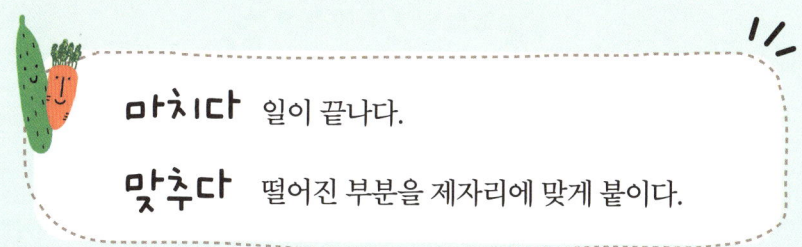

막다? 맑다?

약수터가
지저분해져서
막아 두었단다.

할아버지, 왜 약수터로
가는 길을 막아 두셨어요?

며칠 동안은
그럴 것 같구나.

그럼 이제 맑은 물을
마실 수가 없나요?

약수터를 막아 두면 물이 맑아질까요?

쓰레기도 치우고, 주변을 정리하면 금세 나아질 거야.

제가 도와드릴게요!

야문 양 덕분에 곧 맑은 물을 마실 수 있겠구나!

막다 길이 통하지 못하게 하다.
맑다 지저분한 것이 섞이지 않다.

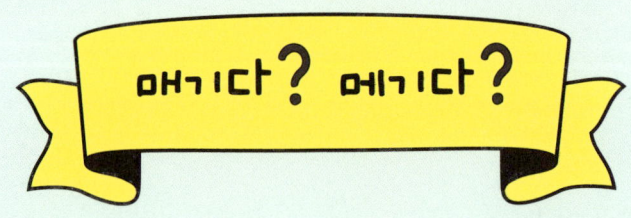

매기다? 메기다?

메기고 받는 민요 부르기 대회!
결과 발표만 남겨 두고 있습니다.

1등 발표했어?

아니, 아직.
심사위원들이 점수를
매기고 있대.

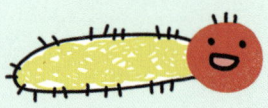

메기고 받는 노래에
점수를 매기다니.

어머, 정말 그렇네!
헷갈리긴 하지만
재미있는 말이다!

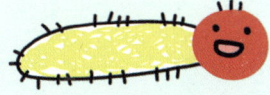

노래는 메기고 받고,

점수는 매기고!

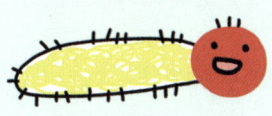

매기다 기준에 따라 등수를 정하다.

메기다 두 편이 노래를 주고받고 할 때 한 편이 먼저 부르다.

매다? 메다?

와, 오이
옷 멋지다!

고마워. 나
태권도 다니거든.

띠 매는 방법도
배웠어?

물론이지!

토마, 네가 메고 있는
배낭도 멋진걸!

소풍 갈 때
메려고 샀어.

나도 배낭 메고
소풍 가고 싶다!

같이 가자!

매다 끈이나 줄을 엇갈아 잡아당겨서 풀어지지 않게 하다.

메다 어깨에 걸치거나 올려놓다.

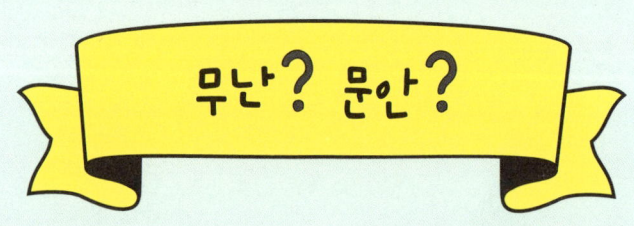

무난? 문안?

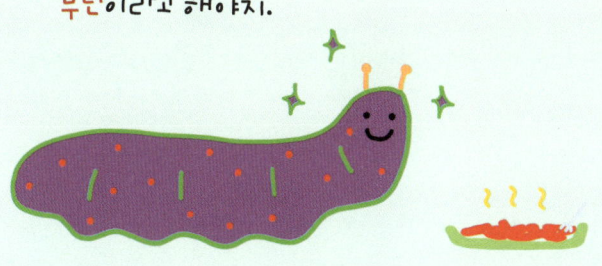

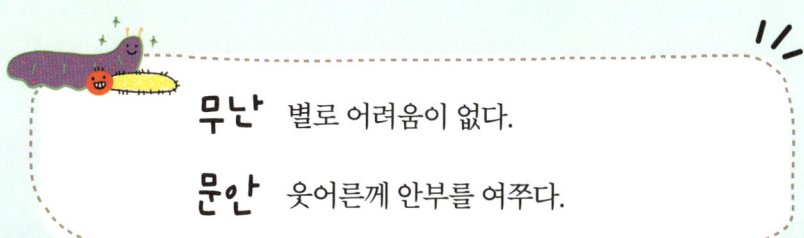

민망함을 무릎쓰고
장기자랑에
나가서 1등을 했어.

1등을 하다니,
레몽 군 대단해!

무릎 꿇고
장기자랑을
한 거야?

무슨 장기자랑을
무릎 꿇고 하니?

무릎 꿇고 한 게 아니라면
혹시 **무릅쓰다**를 잘못 말한 거니?

앗! 그런 거야?

창피함을 **무릅쓰고** 부탁할게.
맞춤법 좀 더 알려 주겠니?

그래, 같이
공부하자!

무릅쓰다 어려운 일을 참고 견디다.

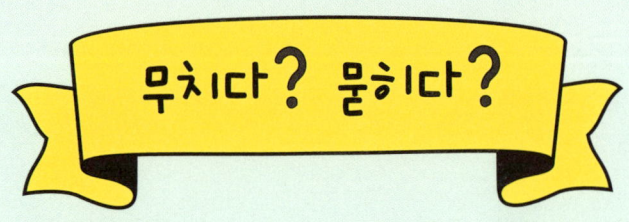

할아버지, 오늘 반찬은 콩나물인가요?

응. 콩나물무침이란다.

저도 콩나물 무쳐 보고 싶어요.

그래. 한 번 해 보렴.

매콤하게
고춧가루도 넣고

좋은 생각이구나.

콩나물을 무치다가
고춧가루가 묻어 버렸네.

씻고 오너라.
저녁 차려 놓으마.

무치다 나물에 양념을 넣고 골고루 섞다.

묻히다 가루나 물이 붙어서 흔적을 남기다.

가방 줄래? 네 가방하고
내 가방하고 바꼈어.

아냐. 안 바꼈어.

이거 봐. 분명히 바꼈어.

아냐. 안 바꼈어.

바뀌었다
(바뀌다)

원래 있던 것이 없어지고 다른 것으로 채워지다.

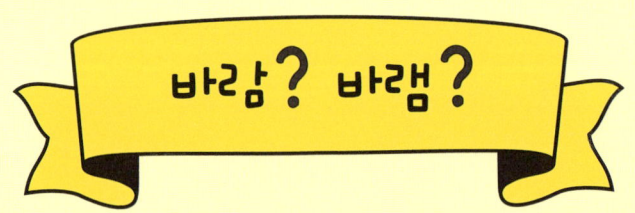

바람? 바램?

나의 바램은
바로 이거야.

잠깐! 바램이라니?
바람이라고 해야지.

바램이지. 어떻게 바람이야?
하늘에 부는 바람도 아니고.

아냐, 바람이 맞아.
이유는 잘 몰라도 레몽 군이
바람이 맞다고 했어.

레몽 군, 소원을 말할 때 바램이라고 하는 게 맞지?

바람이 맞는 말이야.

훗! 그것 봐!

원래 '바라다'니까 '바람'이라고 하는 게 맞지.

내가 잘못 알고 있었던 거구나.

나도 확실히 알게 됐어.

바람 (바라다)   어떤 일이 이루어지기를 기다리는 간절한 마음

바치다? 받치다?

와! 그림 근사하다!

어때? 몸과 마음을 **바쳐서** 만든 나의 작품이야.

그런데 이렇게 두면 뒤에서는 잘 안 보일 것 같아.

아래에 선반을 **받치면** 어떨까?

바치다  웃어른께 정중히 드리다.
받치다 물건의 옆이나 아래에 다른 물건을 대다.

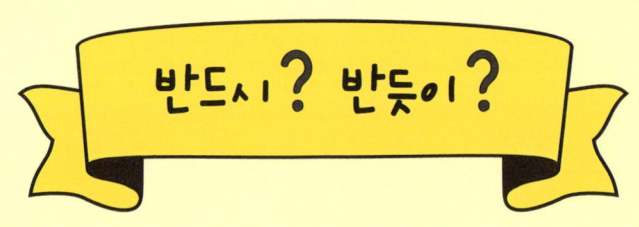

반드시? 반듯이?

오이는 키가 커서 좋겠다.

나처럼 **반드시** 앉으면 너도 키 클 수 있어.

반드시? 항상 앉아 있으라고?

응!

1시간 후

근데 오이야, 정말 계속 앉아 있으면 키가 클 수 있어? 나 이제 너무 힘들어.

??

계속 앉아 있는데 어떻게 키가 커?

반드시 앉아
있으라고 했잖아.

응. 바른 자세로,
허리 펴고 앉으라고.

그럴 땐 반듯이
앉으라고 해야지.

그런 거야?
미안해.

반드시 틀림없이, 꼭

반듯이 생각이나 행동이 삐뚤어지지 않고 바르게

배다? 베다?

어제부터 귤을 많이 먹었더니
손에 색이 베었어.

손이 베였어?
잠깐만 기다려! 금방 올게!

헉헉! 자, 이거!

어딜 급히 다녀오는 거야?

이거, 약 발라.
손 베였다면서?

손에 물든 것뿐인데
약까지 발라야 해?

물들었을 땐 색이 '배다'라고
하는 거야. 어쨌든 손을
벤 것이 아니라서 다행이야.

걱정해 줘서 고마워.

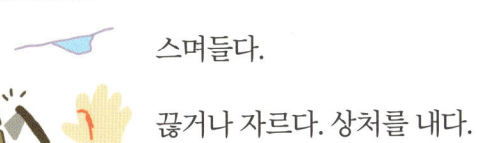

배다 　　스며들다.

베다 　　끊거나 자르다. 상처를 내다.

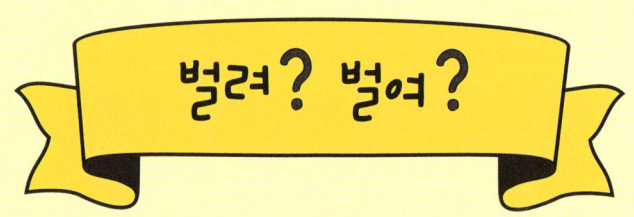

벌려? 벌여?

물건을 바닥에
어지럽게
벌여 두니 그렇지!

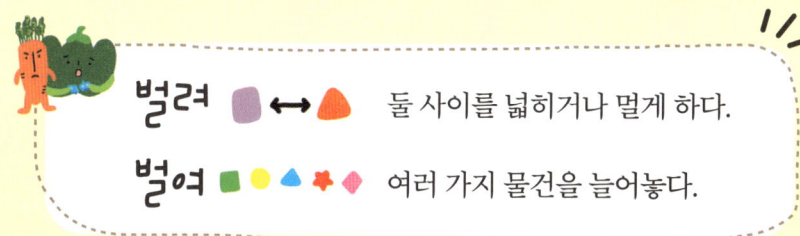

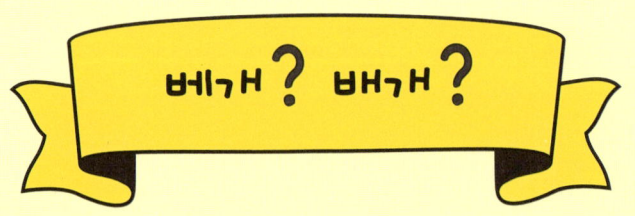

할아버지, 저 오늘 받아쓰기 했는데 답지랑 비교해 봐도 왜 틀렸는지 모르겠어요.

어디 한 번 볼까?

① 오늘은 날씨가 맑습니다.
② 거북이가 엉금엉금 기어갑니다.
③ 경주가 시작됐습니다.
④ 이불 속에서 발가락이 꼼지락
⑤ 앗! 깜짝 놀랐잖아.
⑥ 배개를 갖다주겠니?

봉오리? 봉우리?

우리 저 산봉우리까지
갈 건데 같이 갈래?

산봉우리?
힘들지 않을까?

오이가 어제
산봉우리에서
꽃봉오리를
발견했대.

와! 그럼
나도 가 볼래!

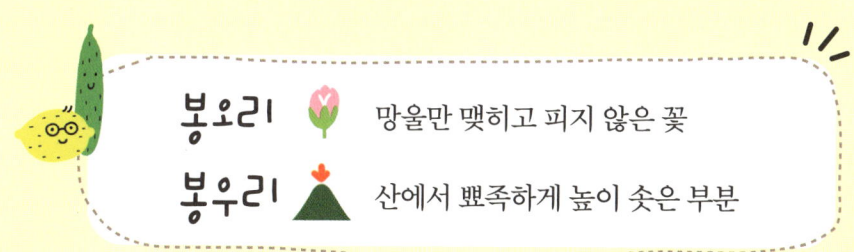

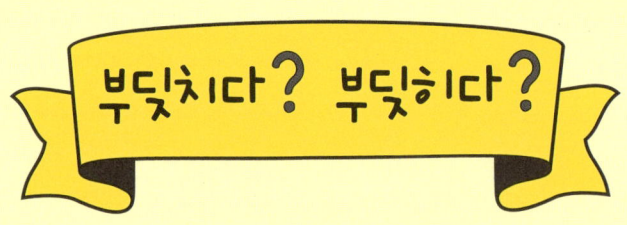

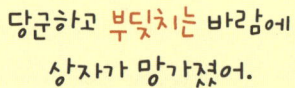

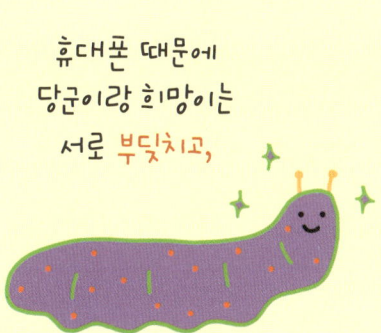

부딪치다 나도 함께 움직였을 때 쓰는 말
부딪히다 가만히 있다가 내가 당할 때 쓰는 말

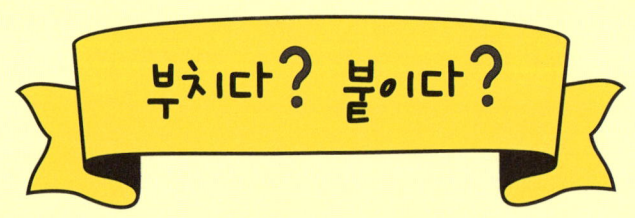

레몽 군, 나 좀 도와줄래?
이 메뉴판을 가게에 **부쳐** 줘.

응. 내가 도와줄게.

잠시 후

게시판은 어디에 **부쳤어?**

내가 아까
택배로 보냈지.

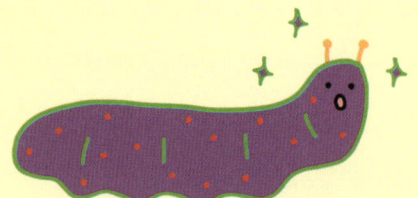

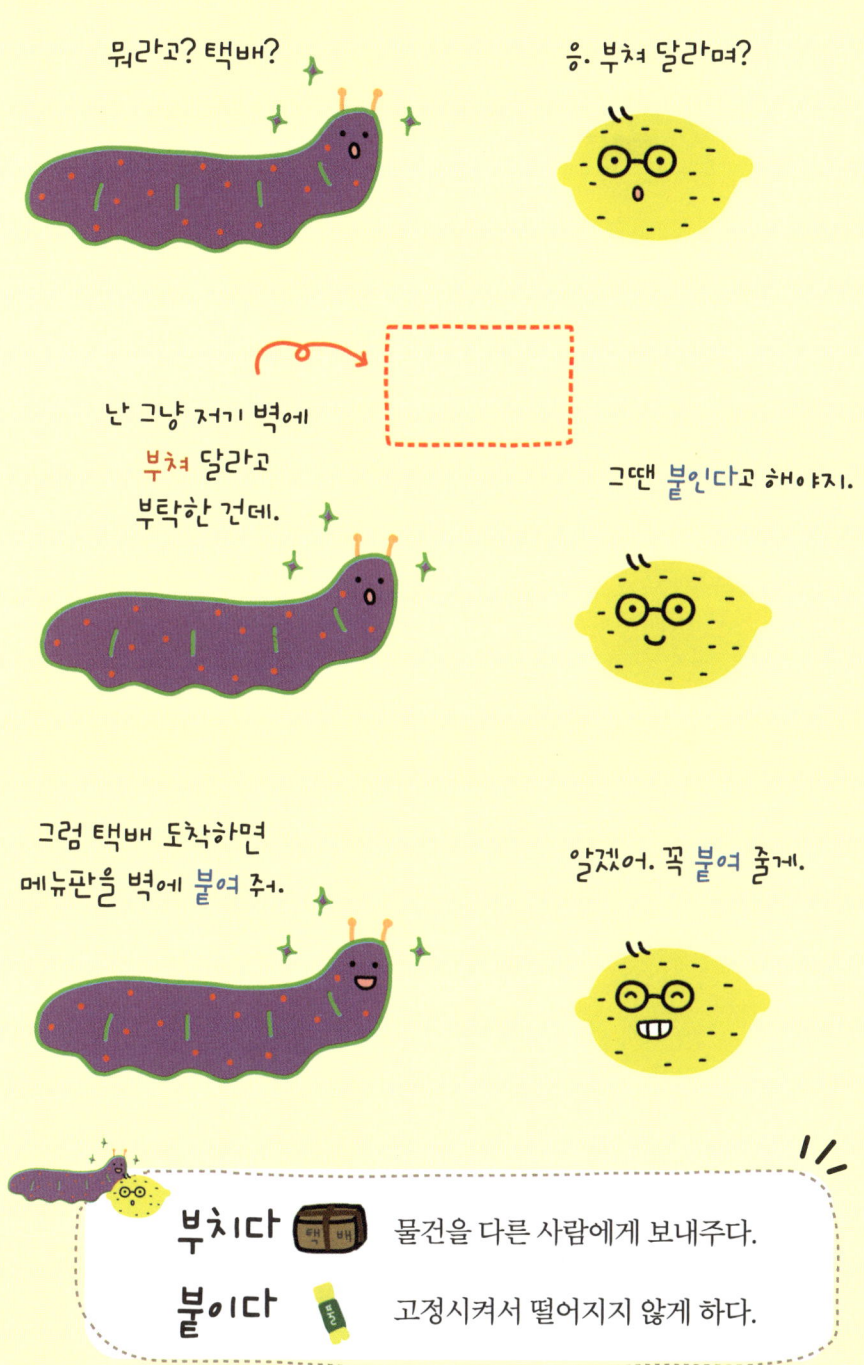

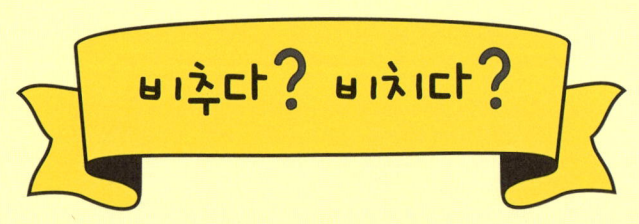

비추다? 비치다?

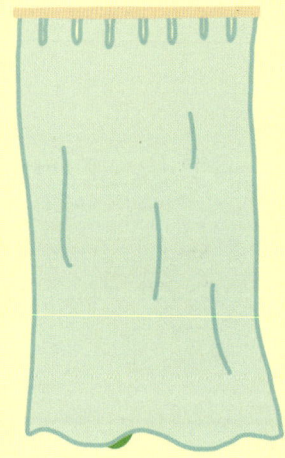

꼭꼭 숨어라!
이제 찾는다!

손전등으로 살짝
비추면? 찾았다!

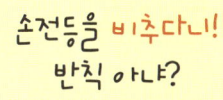

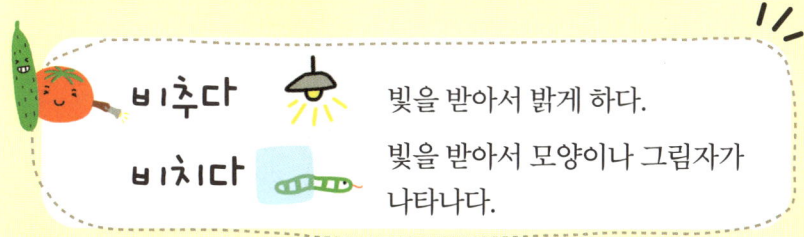

비추다 — 빛을 받아서 밝게 하다.
비치다 — 빛을 받아서 모양이나 그림자가 나타나다.

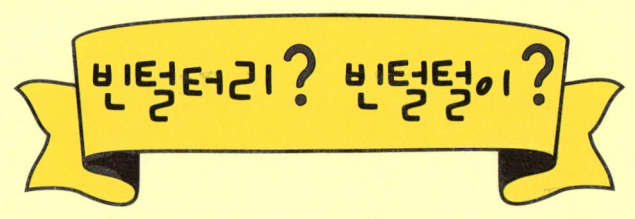
빈털터리? 빈털털이?

흥부와 놀부
정말 재미있다!

욕심쟁이 놀부는 결국
빈털털이가 되었구나.

뭐? 빈털털이?
먼지를 털어?

마지막에 놀부가
모든 것을 다 잃었잖아.

놀부가 가난뱅이가 되었다고?

응, 맞아!

그건 빈털털이가 아니라 빈털터리라고 해야 해.

아하! 그렇구나. 놀부는 빈털터리!!

 **빈털터리** 아무것도 가진 것이 없는 가난뱅이가 된 사람

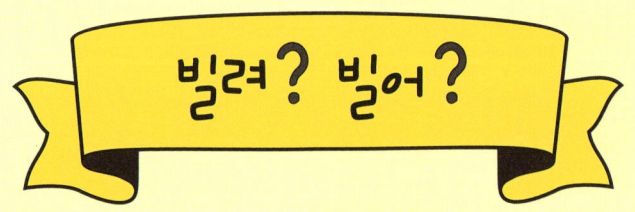
빌려? 빌어?

이번에 내가 우리 마을 최고상을
받게 된다면 얼마나 좋을까?

내 생각엔 네가
받을 수 있을 것 같은데.
수상 소감 연습해 볼래?

최고상을 주셔서 고맙습니다.
이 자리를 빌어 친구들에게
인사를 전하고 싶습니다.

잠깐!

이럴 땐 빌어가 아니라 기회를 이용한다는 뜻의 빌려라고 해야 돼.

아하! 그럼 다시 해 볼게.

이 자리를 빌려 토마에게 고맙다는 말을 하고 싶어요.

짝짝짝짝

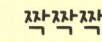

빌려 어떤 일을 하기 위해 기회를 이용하다.

빌어 바라는 것을 이루게 해 달라고 부탁하다.

빚? 빛?

날 도와주러 여기까지
와 주셔서 고마워.

별것도 아닌데.

난 너에게 매번
빚을 지는 것 같아.

빛이라니. 난 네 옆에
있는 것만으로도 좋은걸.

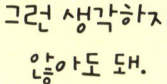

빚 갚아야 할 돈이나 은혜

빛 찬란하게 반짝이는 빛깔

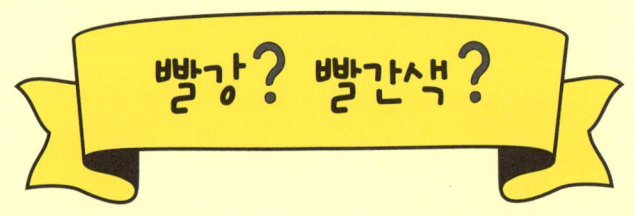

빨강? 빨간색?

이 모자 어때?

빨간색이 잘 어울리는구나.
빨강 줄무늬도 써 볼래?

이건 어때?

빨강 줄무늬보다는 아까
그 빨간색이 예쁘다.

빨강? 빨간색? 줄무늬는
빨강이라고 하는 건가?

줄무늬라서
그런 건 아니고

그럼 빨간색 줄무늬라고 하거나,
빨강 줄무늬라고 하면 되겠네!

빨강은 빨간 빛깔을 말하는
거라 뒤에 색이라는 말을
붙일 필요가 없어.

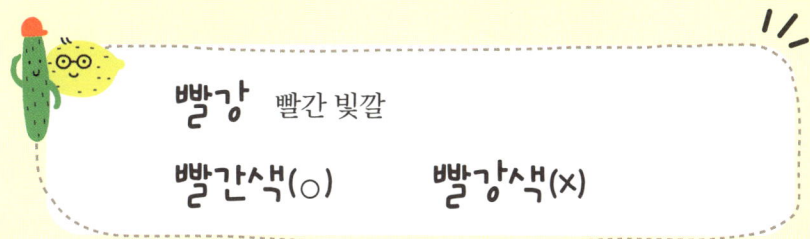

빨강 빨간 빛깔

빨간색(○)   빨강색(X)

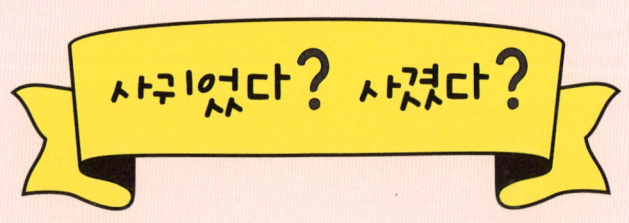

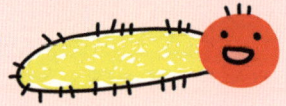
당근은 이사 간 곳에서
친구 많이 사겼대?

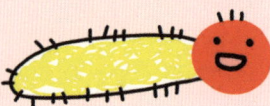
당근이 새로운 곳에서
친구 많이 사겼냐고.

왜 자꾸 안 들리는 척하는 거야?

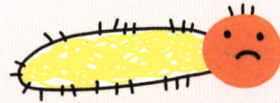

잘못된 말을 쓰니까 이해가 잘 안 돼서 그래.

친구를 사겼다는 게 뭐가 잘못된 거지?

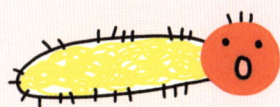

사겼다가 아니라 사귀었다가 맞아.

사귀었다
(사귀다)

서로 얼굴을 익히고 친하게 지내다.

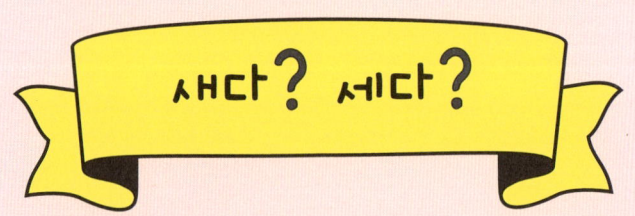

새다? 세다?

바람이 세.

응? 바람이 세? 태풍이라도 온 거야?

응? 태풍이 온대?

글쎄. 바람이 세다고 해서 태풍이 오는 줄 알았지.

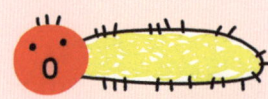

난 그냥, 풍선에 바람이
빠진 것 같아서.

아, 바람이
새고 있다고?

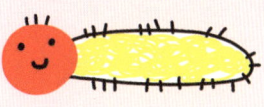

바람이 세게 부는 것이
아니라 풍선에서 바람이
새는 것 같다는 말이었어.

풍선을 세게 불어서
바람이 새는지
확인해 보자.

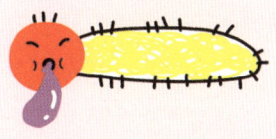

 새다   틈 사이로 조금씩 빠져나오다.

        세다   물, 불, 바람이 강하다.

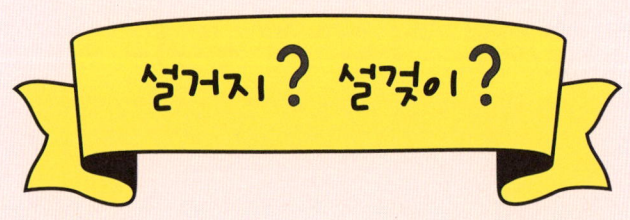

설거지? 설것이?

자! 이제 설것이할 시간이야!

뭐라고? 설것이???

응. 설것이. 설마 하기 싫어서 그러는 거야?

아니. 설거지라고 해야지.

거지라니? 거지는
기분 나쁜 말이잖아.

'거지'가 아니라
설거지!!!

아, 설겆이가 아니라
설거지가 맞다고?

응! 설거지라고 해야 돼.
그럼 설거지를 시작해 볼까?

 설거지 먹고 난 뒤 그릇을 씻어서 정리하는 일

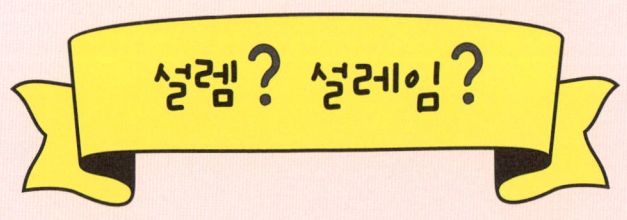

설렘? 설레임?

설레임에 잠을
잘 못 잤거든.

희망아, 너 피곤해 보여.
오늘 갈 수 있겠어?

응. 오늘 소풍 가는 게
설레여서. 넌 잘 잤어?

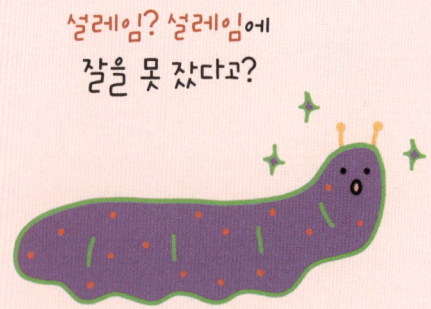

설레임? 설레임에
잠을 못 잤다고?

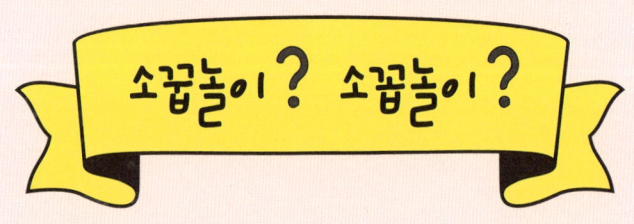

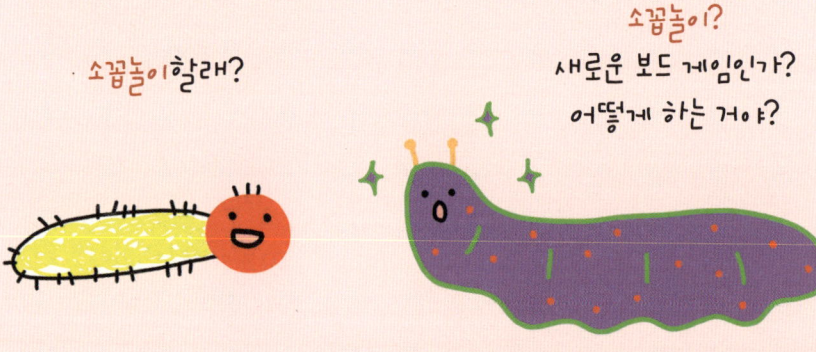

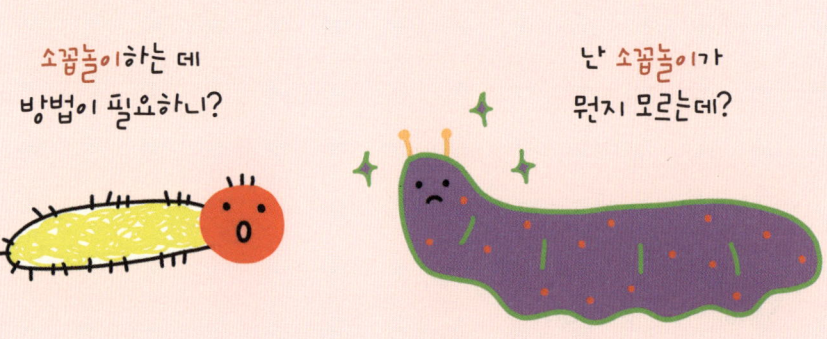

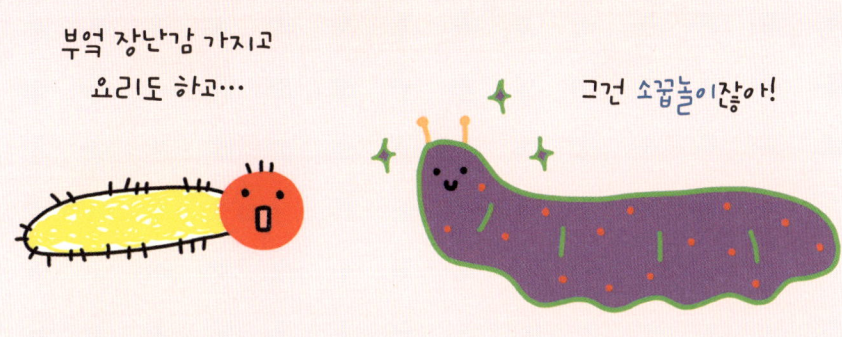

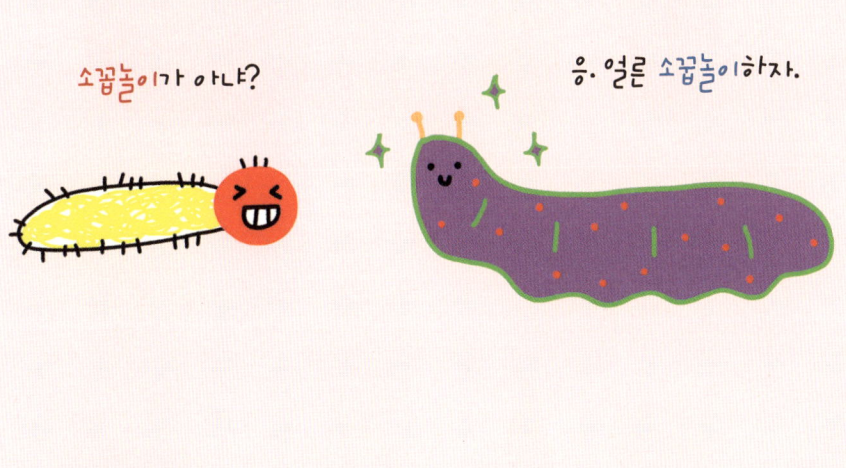

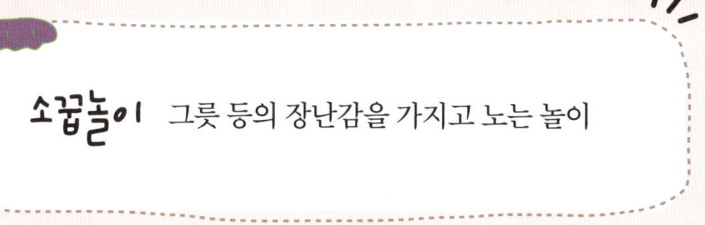

소꿉놀이 그릇 등의 장난감을 가지고 노는 놀이

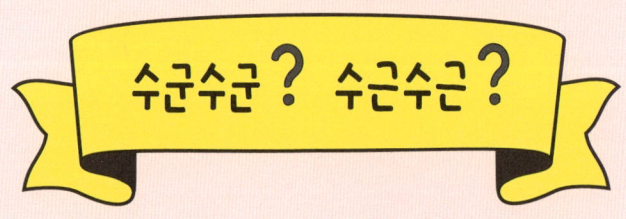

수군수군? 수근수근?

토마, 왜 화났어?

너희들이 날 옆에 두고
둘이서만 수근거렸잖아.

수근거리다니
무슨 말이야?

내 뒷이야기를 하는
것처럼 날 보면서
속삭였잖아!

그랬구나. 근데 그건 수근댄 것이 아니라 수군댄 것이지.

흥! 아무튼 날 두고 둘이서만 수군대다니. 너무하잖아?

우리는 널 위해 깜짝파티를 하려고 수군수군 얘기한 건데.

앗, 그런 거라면 계속 둘이서 수군대도록 해.

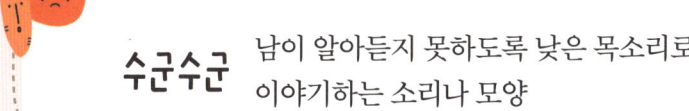

수군수군 남이 알아듣지 못하도록 낮은 목소리로 이야기하는 소리나 모양

숨바꼭질? 숨박꼭질?

 이따가 놀이터에서 숨박꼭질하자.

 난 안 갈래.

 왜 안 가? 아몬 양, 숨바꼭질 좋아하잖아.

 숨바꼭질은 좋아하지만 숨박꼭질은 싫어.

 무슨 얘길 하는 거니?

 오이 네가 뭐라고 썼는지 다시 봐.

 ????????

아! 알았다!

오이야, 아몬 양이 숨바꼭질은 하는데 숨박꼭질은 하기 싫대. 네 맞춤법을 좀 봐.

 내가 틀렸구나. 아몬 양, 숨바꼭질 같이 하자. 이따 꼭 만나.

 알겠어. 같이 숨바꼭질하자!

 **숨바꼭질** 술래가 숨은 사람을 찾아내는 놀이

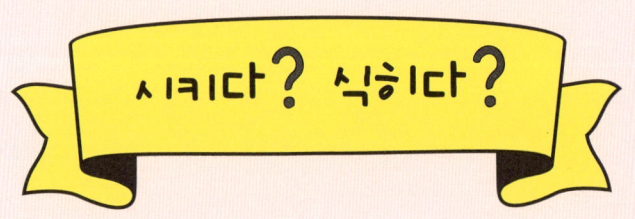

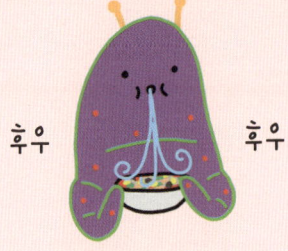

앗! 짬뽕이 왜 이렇게 차갑지?
게다가 면은 다 불었잖아.

짬뽕을 식혀 달라고 해서
후후 불어 식혔는데
그 말이 아니었어?

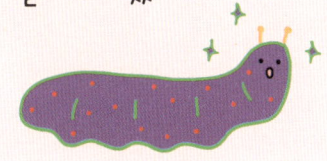

주문 배달을 해 달라는
말이었는데.

그때는 시키다라고 해야 해.
주문이나 심부름은 시키는 거지.

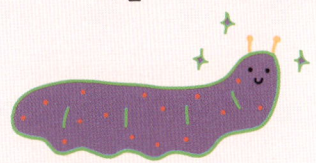

그렇구나. 따끈한 짬뽕
한 그릇 배달시켜 주세요!

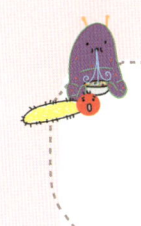

시키다  음식을 주문하다. 일을 하게 하다.

식히다  더운 것을 차갑게 하다.

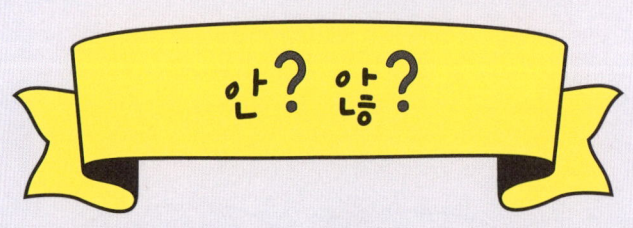

받아쓰기 연습할
준비는 다 됐니?

안 됐어. 아직
마음의 준비를
하지 안았다고!

않 됐어. 나도
마음의 준비를
하지 않았어.

잠깐! 근데 너희들
안과 않을 잘못
사용하고 있는 것 같아.

난 그게 헷갈려서
'안'만 쓰는 건데.
뭐가 잘못된 거야?

나도 구분하기 어려워서
'않'만 쓰기로 했는데
네가 가르쳐 줄래?

'안'은 '아니'를 대신해서 쓸 수 있는 말이고,
'않'은 '아니하'와 바꾸어 쓸 수 있는 말이야.

'준비가 아니하 됐어.'가 아니라
'준비가 아니 됐어.'니까
'준비가 안 됐어.'로 해야 하고,

'준비를 하지 아니고'가 아니라
'준비를 하지 아니하고'니까
'준비를 하지 않고'가 되겠네.

앉아? 않아?

너무 오래
앉아 있었나 봐.

맞아. 엉덩이
아프지 않아?

그럼 나가서
산책을 할까?

그런데 오후에 비가
온다고 하지 않았어?

그래도 가만히 앉아 있는
것보다는 나가는 게
좋을 것 같지 않아?

그럼 나가 볼까?

다행이야!

하늘을 보니
아직 비가 올 것
같지는 않아.

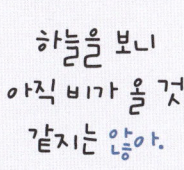 앉아(앉다) 윗몸을 바로 한 상태에서 엉덩이에
무게를 실어 바닥에 몸을 올려놓다.

않아(않다) 어떤 행동을 하지 않다.

알갱이? 알맹이?

가을이 왔나 봐.

낙엽도 떨어지고, 날씨도 쌀쌀해.

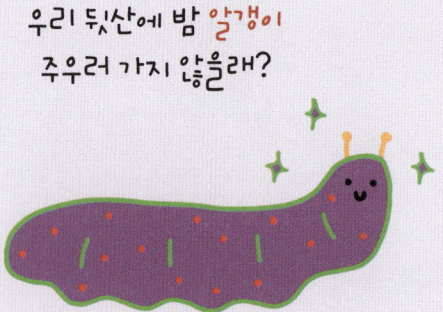

우리 뒷산에 밤 알갱이 주우러 가지 않을래?

난 밤 알갱이가 뾰족해서 무서운데.

걱정 마. 내가 밤 알갱이에서
밤 알맹이만 쏙 빼 줄게.

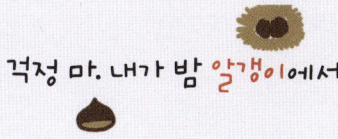

좋아! 난 밤 알맹이를
맛있게 찌는 건 자신 있어!

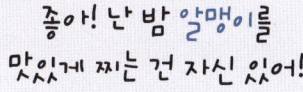

그럼 가 볼까?

뒷산으로 출발!

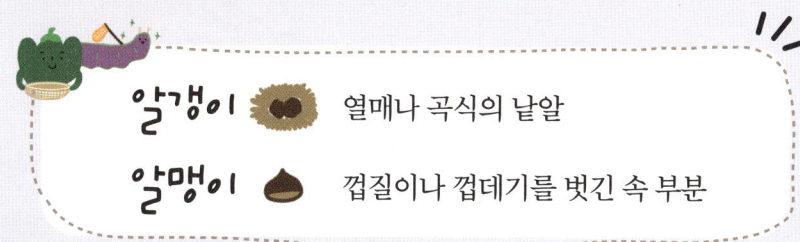

알갱이   열매나 곡식의 낱알
알맹이   껍질이나 껍데기를 벗긴 속 부분

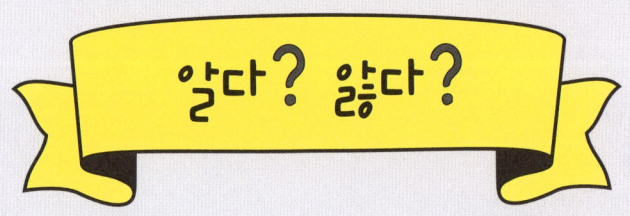

알다? 앓다?

밤새 앓느라
잠을 못 잤어.

토마, 피곤해 보여.

네 이가 아픈 건
알았지만 잠도
못 잘 정도였어?

응. 어제 치과에
가지 않은 걸
후회했어.

그럼 어서 치과에 가!

하지만 내가 아는 치과는 너무 무서운 곳인걸.

이가 아파서 앓는 것보다는 덜 무섭지 않을까? 얼른 따라와!

알다 느끼거나 깨닫다. 지식을 가지다.
앓다 병에 걸려 괴로움을 느끼다.

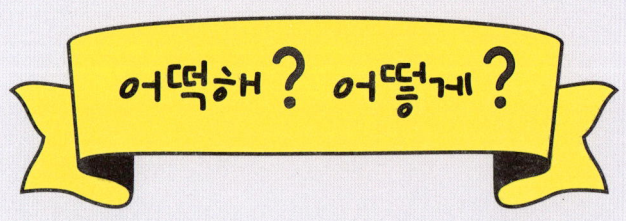

나 어떡해.

무슨 일이야?

안경을 잃어버렸어.
어떻게 해야 하지?

너무 걱정 마.
어떻게든 찾아보자.

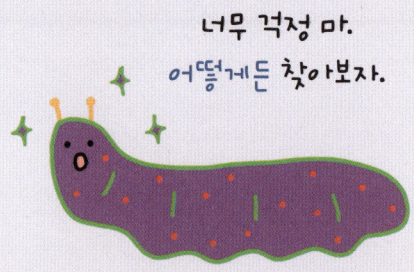

뒤적뒤적

두리번 두리번

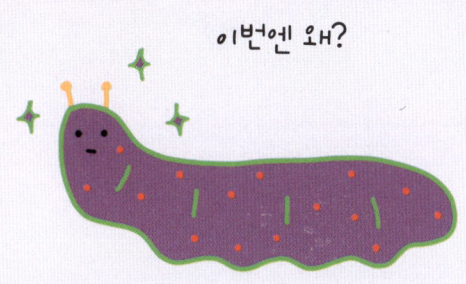

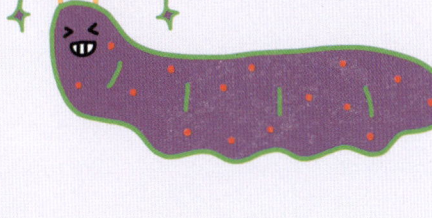

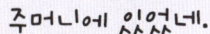

어떡해 '어떠하게 하다'의 줄임말

어떻게 어떤 이유로, 무슨 까닭으로

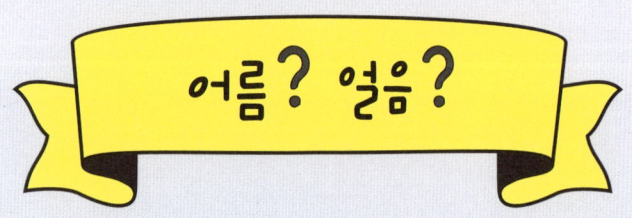

바닷물과 갯벌 얼음에서
잡은 조개야. 선물로 줄게!

정말 신기한 조개다.
얼음에서 살다니.
차갑지도 않은가 봐.

조개가 차갑다니?

차가운 얼음에서
사는 조개라며?

바닷물과 갯벌이 만나는 곳에서 잡아 왔다는 말이었어.

그땐 얼음이 아니라 어름이라고 해야 해.

맞다! 얼음은 냉동실에 있는 것이지?

맞아. 우리 시원한 얼음빙수 먹으러 갈까?

어름 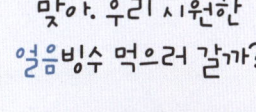 물건이 맞닿은 자리

얼음 물이 얼어서 굳은 것

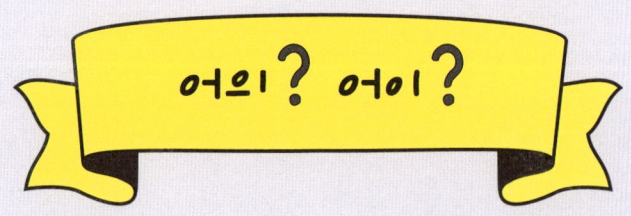

어의? 어이?

나 어제 정말
어의없는 일 있었다.

어이없는 일?
무슨 일인데?

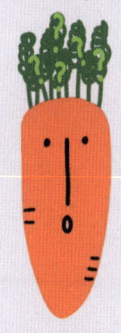

길을 가다가 새똥을
맞았지 뭐야. 어의없지?

응! 어이없네.

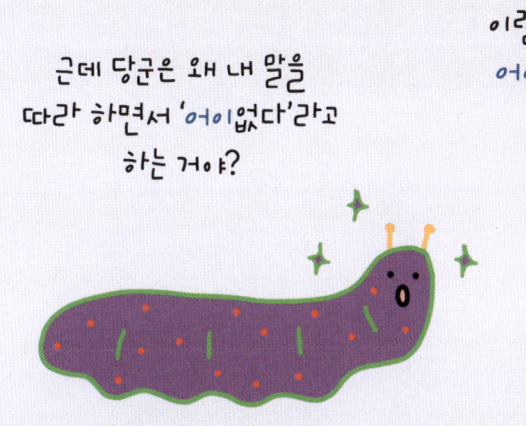

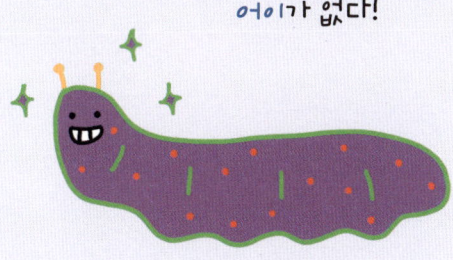

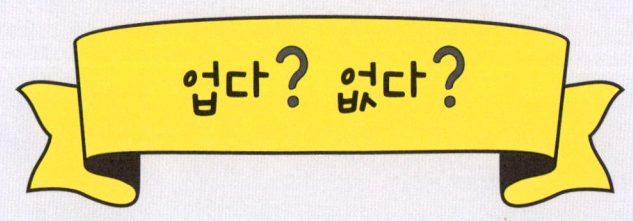

희망이? 없다.

할아버지, 희망이는요?

아니, 희망이 지금 없다고.

희망이는 저보다 훨씬 큰데 제가 어떻게 업어요?

희망이를 등에
업어 주라는 게 아니라
희망이가 밖에 나가서
여기 **없다**는 말이야.

그럴지!

그렇군요. 지금은 희망이가
없어서 업어 줄 수도 없겠네요.

업다  사람이나 동물을 등에 대고 붙잡다.

없다 ❓ 어떤 것이 존재하지 않는다.

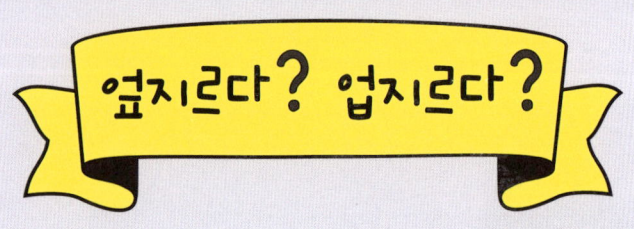

엎지르다? 업지르다?

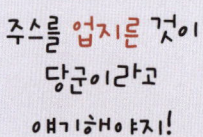
주스를 업지른 것이 당근이라고 얘기해야지!

난 주스 업지르지 않았는데?

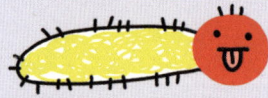

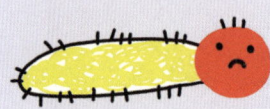
무슨 말이야? 이렇게 다 쏟아졌는걸.

글쎄. 난 업지른 적 없다니까?!

뭉치야, 당근은 주스를
엎지르긴 했지만
업지른 적이 없는걸.

그게 아니라...

당근은 거짓말쟁이야!

장난이었어. 엎지른
주스는 내가 치울게.

아무리 내가 틀렸다지만
그런 억지가 어딨어?

엎지르다 그릇에 있는 액체를 쏟아지게 하다.

161

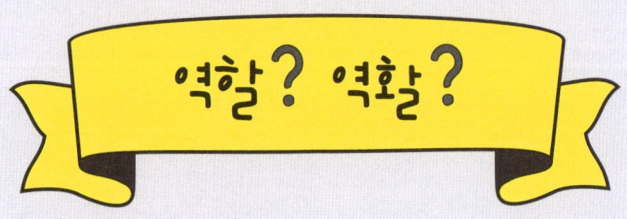

역할? 역할?

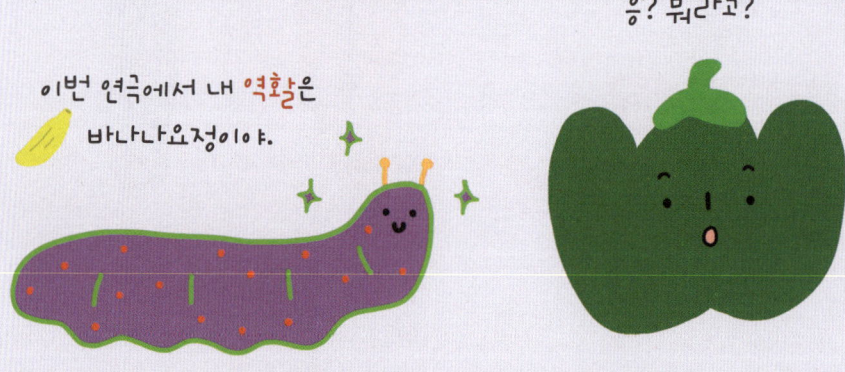

이번 연극에서 내 **역할**은 바나나요정이야.

응? 뭐라고?

내가 연극에서 바나나요정 **역할**을 한다고.

연극에서 네가 할 수 있는 **역할**은 없을 텐데.

역활이라는 말은 없어.
역할이라고 해야지.

무슨 말이야? 이미
역할이 정해진걸.

맞아. 넌 연극에서
바나나요정
역할을 맡은 거지.

아, 그런 뜻이었구나.

역할 자기가 해야 할 일이나 임무

연예인? 연애인?

나는 나중에 연애인 될 거야.

오이 군! 좋아하는 사람 생긴 거야?

좋아하는 사람?

연애하고 싶다는 말은 좋아하는 사람이 생겼다는 거 아냐?

난 가수가 되고 싶다는 말을 한 건데?

가수는 연애인이 아니라 연예인이지.

내가 되고 싶은 건 연예인이구나!

비슷해서 헷갈릴 만도 해.

연예인 배우나 가수 등의 일을 하는 유명한 사람

연필깎기? 연필깎이?

그게 뭐야?

연필깎기. 선물이야.

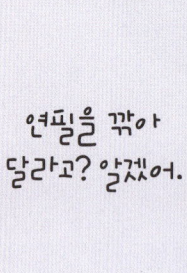

연필을 깎아 달라고? 알겠어.

연필깎기 안 받을 거야?

잠깐 기다려. 네가
연필을 깎아 달라고 해서
연필 깎는 중이잖아.

내가 언제 연필을
깎아 달라고 했어?
연필깎기를 준다고 했지.

아, 연필깎이라고 해야지.
연필깎기는 연필을 깎는
행동을 말하는 거야.

그래서 갑자기 연필을
깎아 주려고 한 거구나.
연필깎이 어서 받아.

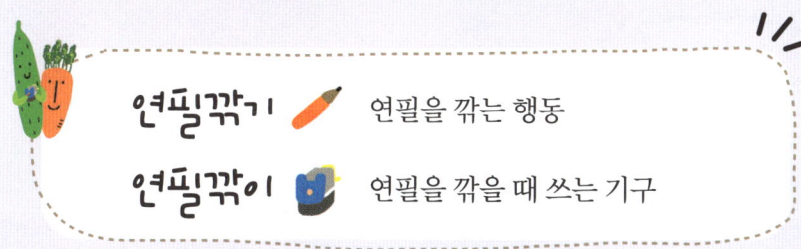

연필깎기　　연필을 깎는 행동

연필깎이　　연필을 깎을 때 쓰는 기구

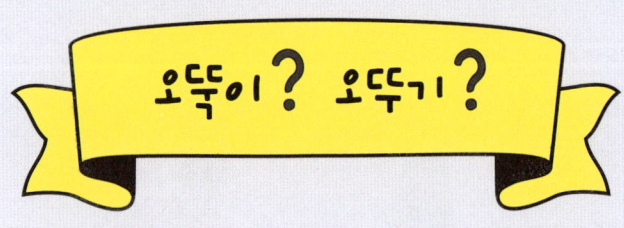

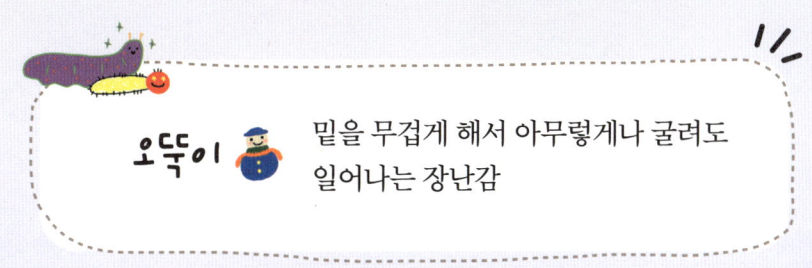

오랜만? 오랫만?

뭉치야, 기분이 안 좋아 보이는데 무슨 일 있니?

알림판을 붙여 놓았는데 누가 낙서를 했어요.

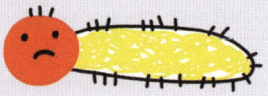

어디 좀 볼까?

여기 보세요.

> 오랫만에 새로운 메뉴가 추가되었어요!!
> 내일 만나요♡
>   - 신선해가게

 이건 낙서가 아니라 틀린 글자를 고쳐 주려고 한 것 같구나.

 네??

> 오랜만에 새로운 메뉴가 추가되었어요!!
> 내일 만나요♡
>   - 신선해가게

 여길 봐. 오랫만에가 아니라 오랜만에라고 쓰는 게 맞거든.

 그렇구나.

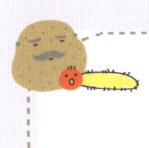 오랜만 긴 시간이 지난 뒤

왠? 웬?

와아!

와! 이게 웬 볶음밥인가요?

웬일로 재료가 남아서 볶음밥을 만들어 보았단다.

오늘 왠지 볶음밥이 먹고 싶었거든요!

잘됐구나. 어서 먹으렴.

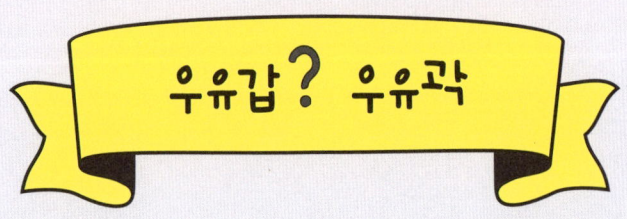

우유갑? 우유곽

우유곽을 재활용할 때는 이렇게…

잠깐만! 그게 아닐 텐데?

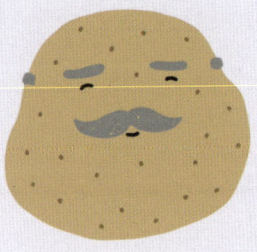

우유곽을 씻어서 말리기까지 했는데 잘못됐나요?

재활용하는 방법이 잘못된 게 아니야.

우유곽이 아니라
우유갑이라고 해야지.

오, 그렇군요.

마찬가지로
곽티슈가 아니라
갑티슈라고 해야 해.

아하!

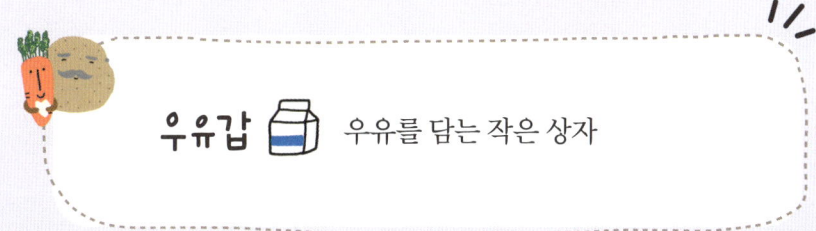

우유갑 🥛 우유를 담는 작은 상자

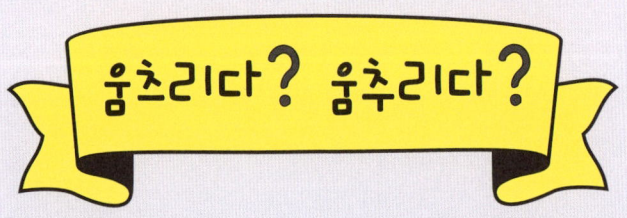

오늘 정말 춥다.

맞아. 추워서 그런지 자꾸 움추리게 되네.

움추리는 게 뭐지?

추워서 이렇게 하는 몸짓 있잖아.

그땐 **움츠리다**라고
하는 거야.

그런 거야?

괜찮아.
잘 모를 수도 있지.

민망해서 그런지 어깨를
더 **움츠리게** 되는 것 같네.

움츠리다 몸을 오그려서 작아지게 하다.

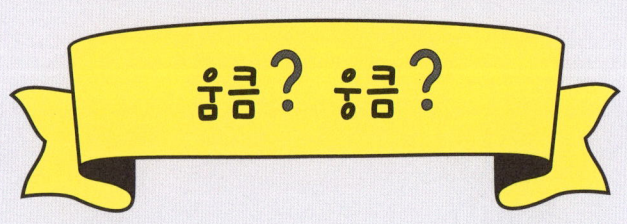

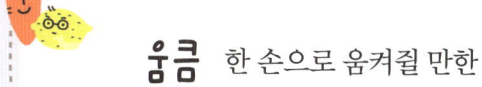

움큼 한 손으로 움켜쥘 만한 양

이따가? 있다가?

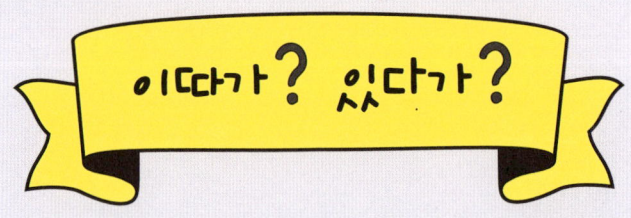

토마야, 있다가
가게 앞에서 만나!

- 희망이가 -

왜 아직도
토마가 안 오지?

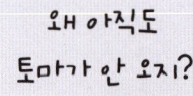

토마, 왜 아직도 안 와?

있다가 오라고 해서
집에서 기다리는 중이었는데.

조금 후에 만나자고
한 거였는데.

그럼 이따가
만나자고 했어야지.

알겠어. 그럼 난
가게에 좀 더 있다가
마중 나갈게. 천천히 와.

응. 조금만 기다려 줘.
내가 이따가 갈게.

이따가  조금 후에, 잠시 후에

있다가 한곳에 머무르다가

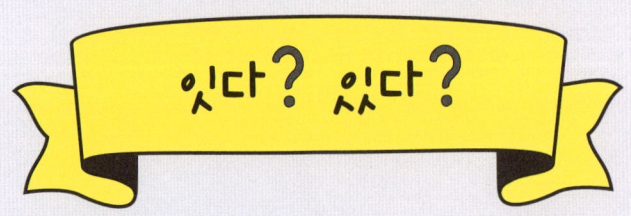

잇다? 있다?

모자를 뜨고 있는데
실이 부족해.

잠깐 있어 봐.
내가 실을 이어 줄게.

실을 잇는 건 좋은데,
두 가지 색이 너무 다른걸?

그러게. 어쩌지?

비슷한 색 실이 있다면
얼마나 좋을까?

나한테 멋진
생각이 있어!

정말 좋은 생각이다 ♥

빨강 실과 초록 실을 이어서
수박모자를 만들면 되지!

잇다 두 끝을 맞대어 붙이다.

있다 떠나가지 않고 머물다.

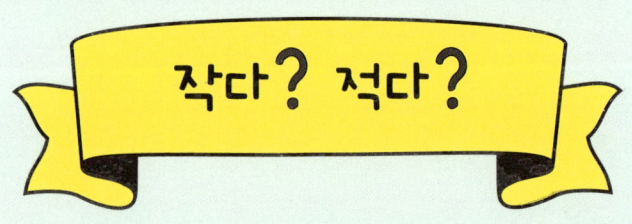

토마는 우유가 적다고 했으니
우유를 더 많이 준 거고,
오이는 우유가 작다고 했으니
더 큰 우유를 준 것이지.

작다는 것은 크기를
말하는 거군요!

알겠어요.
적다는 것은
양을 말하는 거고

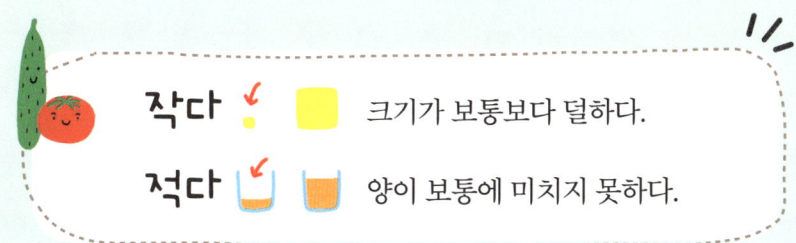

작다 : 크기가 보통보다 덜하다.
적다 : 양이 보통에 미치지 못하다.

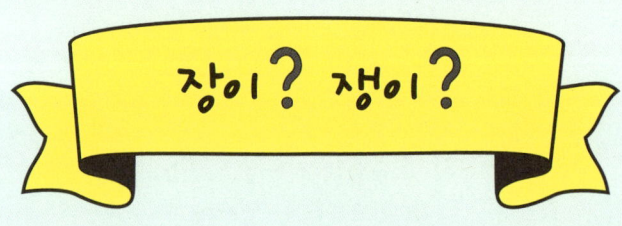
장이? 쟁이?

할아버지, 신선해가게에
간판을 만들어 주신 분은
간판쟁이라고 하나요?
간판장이라고 하나요?

기술을 가진 사람은 장이,
그 외에는 쟁이라고 하면 돼.

간판장이가
맞겠네요.

그렇지!

그럼 당군은 방귀 뀌는 기술이 대단하니까 방귀**장이** 하면 되나?

내 방귀가 어떻게 기술이니?

허허허허

지독한 냄새를 뿜어 내는 기술?

아무리 그래도 방귀 전문가라니 말도 안 되잖아!

오이는 역시 개구**쟁이**라니까.

장이 어떤 기술을 가진 사람

쟁이 어떤 특징을 많이 갖고 있는 사람

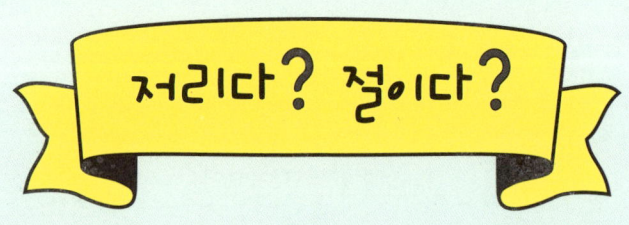

저리다? 절이다?

할아버지, 뭐 하고 계세요?

김장하는 날이라 배추를 절이고 있었지.

제가 도와드릴게요. 배추는 어떻게 절이는 건가요?

배추에 소금을 뿌려 주면 돼.

저리다 　몸이 쑤시듯이 아프다.

절이다 　소금에 담가서 간이 배어들게 하다.

조리다? 졸이다?

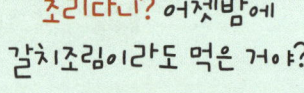

가슴이 조려서
어제 한숨도 못 잤어.

조리다니? 어젯밤에
갈치조림이라도 먹은 거야?

갈치조림이라니!
레몽 군은 내 마음도 몰라주는구나.

앗!

아몬 양, 그때는 가슴이 졸여서라고 하는 거야.
조리다고 해서 레몬 군이 잘못 이해한 것 같구나.

아몬 양, 괜찮아?
아몬 양이 속상해할까 봐
가슴을 졸였어!

괜찮아.
내가 오해했는걸.

허허허, 얘들아, 그럼
저녁에 갈치를 조려 먹자꾸나.

조리다 음식을 국물에 넣고 끓여서 양념이 스며들게 하다.

졸이다 가슴이 두근두근하고 초조하다.

191

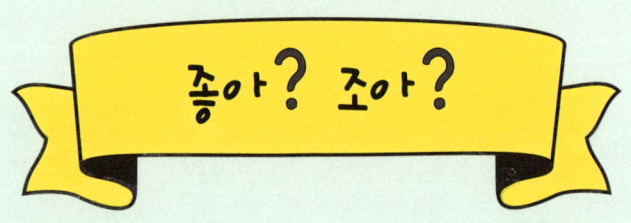

좋아? 조아?

내가 초대장을 만들었는데
어떤지 봐 줄래?

응, 좋아!

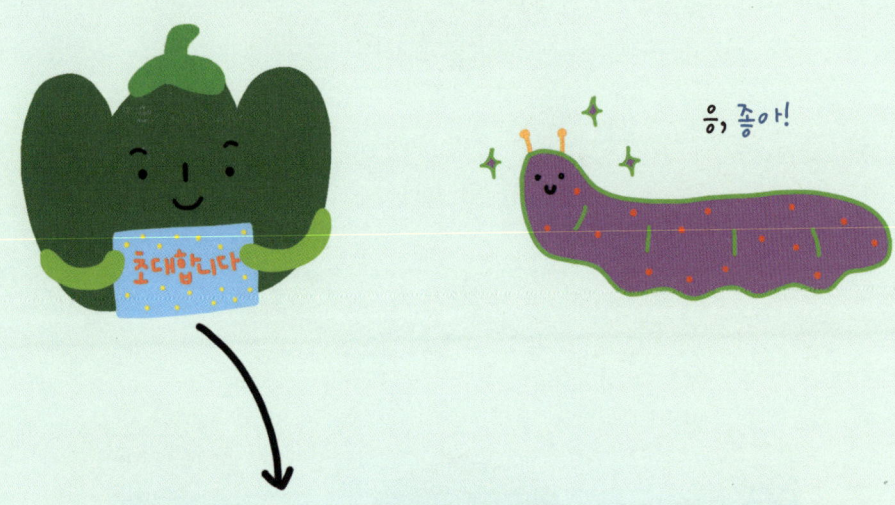

아몬 양,

내가 너를 얼마나 조아하는지 알지?

내 생일파티에 초대할게. 꼭 와 줘.

아몬 양을 조아하는 희망이가.

카드도 잘 꾸몄고, 내용도 아주 좋아. 그런데 아몬 양이 조금 실망할 것 같아.

어이쿠! 잘못 쓴 편지를 줄 뻔했네. 내가 좋아하는 레이야, 알려 줘서 고마워.

소리 나는 대로 '조아'라고 쓰면 안 되고 '좋아'라고 써야 해.

좋아(좋다) 만족할 만하다.

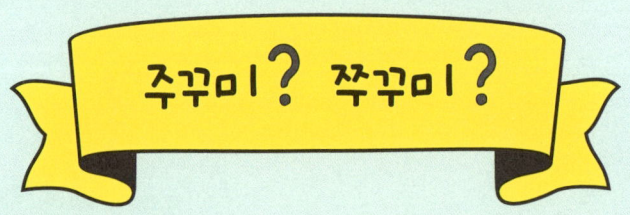

오늘 저녁으로 매운
쭈꾸미볶음 어때?

좋지!

어서 오세요.
맛있는 주꾸미 있어요.

사장님, 쭈꾸미는 없나요?

우리 가게에서 주꾸미를 팔고 있어요.

저는 쭈꾸미를 먹고 싶거든요.

쭈꾸미랑 비슷한 건가?

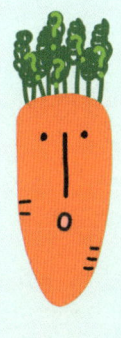

쭈꾸미는 잘못된 표현이고, 주꾸미가 맞는 말이랍니다.

그렇군요.

그럼 매운 주꾸미볶음 주세요!

 **주꾸미** 문어나 낙지와 비슷한데 좀 더 짧고 둥근 연체동물

집다? 짚다?

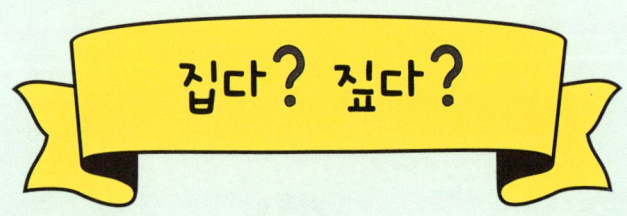

레몽 군, 나 케이크 좀 짚어 줄래?

케이크를? 진심이야??

나 짐이 너무 많아. 케이크 짚어 줘.

지금 뭐 하는 거야??

케이크를 집어 달라며?

케이크를 들어서 올려 달라는 말이지.
위에서 눌러 달라고 한 게 아니잖아.

그럴 땐 집어 달라고
했어야지.

그런 거야? 어쩔 수 없지.
망가진 케이크라도 집어 줄래?

집다   물건을 잡아서 들다.

짚다   바닥이나 벽에 몸을 기대다.

짓다? 짖다?

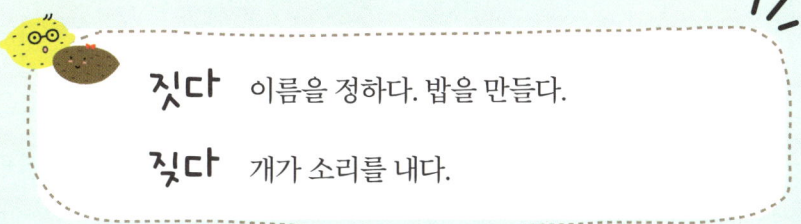

찌개? 찌게?

뭉치야, 찌게가 맞아?
찌개가 맞아?

★ 가격표 ★

글쎄, 비슷하니까
다 맞는 것 아닐까?

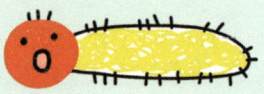

그럼 사이좋게
하나씩 써야지.

★ 가격표 ★

김치찌개 5500원

된장찌게 5000원

공깃밥 1000원

좋은 생각이야!

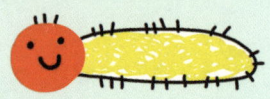

얘들아, 된장찌개는 고쳐 써야 할 것 같구나.

실은 잘 몰라서 대충 썼어요.

★ 가격표 ★
김치찌개 5500원
된장찌게 5000원
공깃밥 1000원

찌개가 맞는 말이란다.

다시 써야겠네요.

★ 가격표 ★
김치찌개 5500원
된장찌개 5000원
공깃밥 1000원

찌개 냄비에 채소를 넣고 양념을 하여 끓인 반찬

코빼기? 콧배기?

레몽 군은 어딜 간 거니?
코빼기도 보이질 않는구나.

레몽 군은 좀 전에 화장실 갔어요.
그런데 콧배기가 뭐예요?

코빼기는 '코'라는
뜻이야.

아, 코도 보이지
않는다는 뜻이군요.

그렇게 들릴 수도 있지만 쓸 때는 코빼기가 맞단다.

그럼 콧배기라고 쓰면 되나요?

허허, 정말 그렇구나.

저기 보세요! 코빼기도 보이지 않던 레몽 군이 나타났어요.

코빼기 '코'라는 뜻. '코빼기도 보이지 않는다.'는 말은 도무지 나타나지 않아 전혀 볼 수 없다는 뜻이다.

통째? 통채?

어디서 많이 본 것 같은데.

당근, 이 그림 뭔지 기억나?

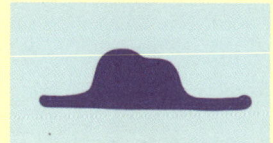

알겠다! 코끼리를 통채로 삼킨 보아뱀 그림 맞지?

잘 생각해 봐. 힌트는 어제 읽은 책이야.

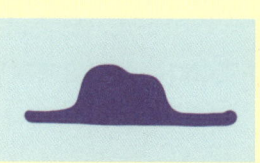

땡! 틀렸지.

『어린 왕자』 책에서 분명히 봤는데.

코끼리를 삼킨 보아뱀은 맞는데,
통채로 삼킨 건 아니고
통째로 삼킨 거지.

어이쿠! 설마 그것 때문에 틀렸다고 했어?

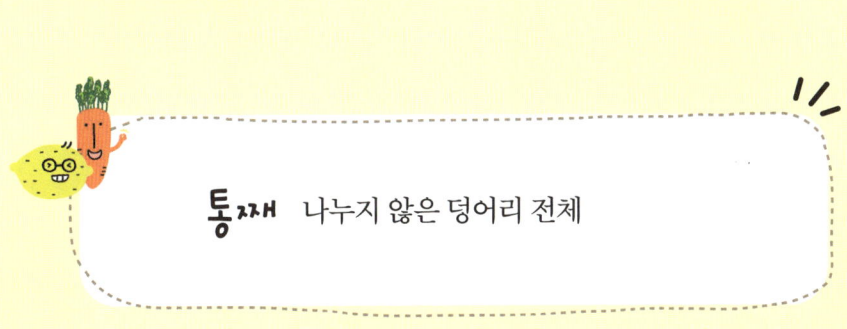

통째 나누지 않은 덩어리 전체

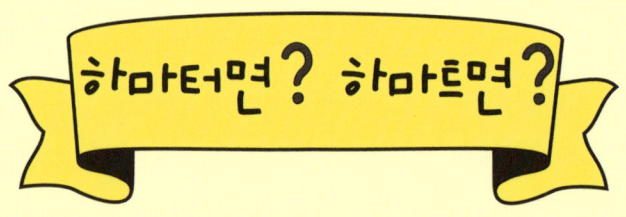

하마터면 큰일 날 뻔했어.

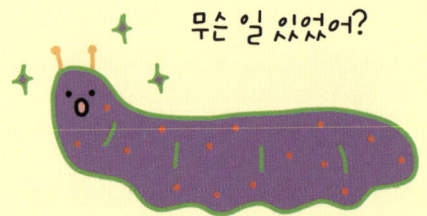

무슨 일 있었어?

하마터면을 하마트면으로 쓸 뻔했지 뭐야.

그게 무슨 말이야?

맞춤법 시험을 봤는데,
하마트면과 하마터면 중에
뭘 써야 할지 고민하다가

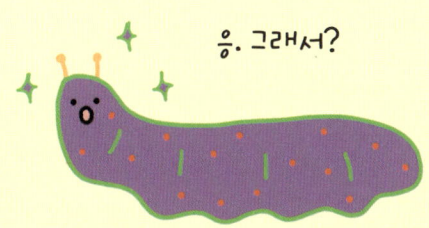

응. 그래서?

하마터면으로
찍었는데 맞았네!

정말 하마터면
큰일 날 뻔했네.

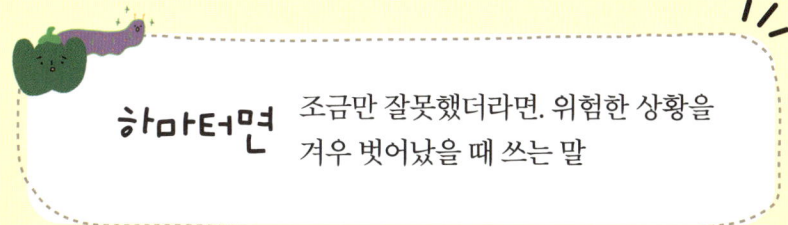

하마터면 조금만 잘못했더라면. 위험한 상황을 겨우 벗어났을 때 쓰는 말

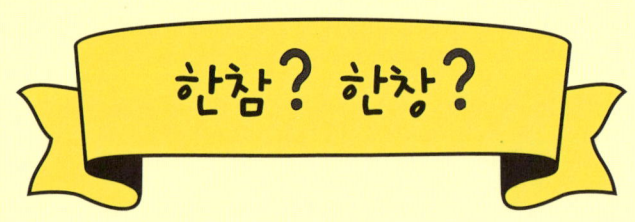

오이야! 어딜 다녀온 거야?

한창 동안 찾아다녔잖아.

미안해. 한창 바쁠 때 도와주지도 못하고.

실은 좀 창피한데, 화장실에 한참 앉아 있었어.

깔깔깔

그런 거라면 이해해 주지!

한참 시간이 오래 지나는 동안

한창 어떤 일이 활기 있게 일어나는 때

햇볕? 햇빛?

난 아침 창문에 햇빛이 비치면 기분이 좋아.

맞아. 아침 햇빛 정말 따스하지.

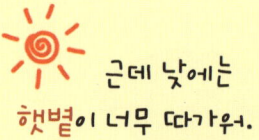
근데 낮에는 햇볕이 너무 따가워.

맞아. 햇볕에 얼굴이 새까매지겠어.

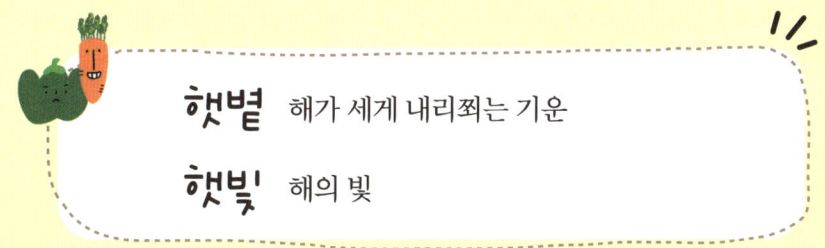

헷갈리다? 헤깔리다?

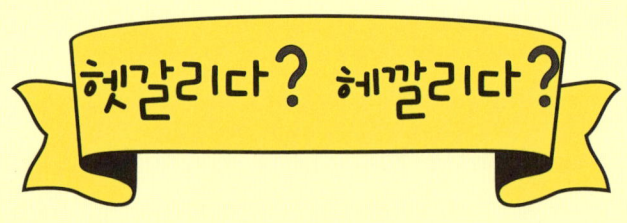

토마, 뭐 하니?

숙제해.

한글 맞춤법 문제네?

응. 맞춤법 정말
헤깔린다.

토마, 너 맞춤법 공부 더 열심히 해야겠는데?

응?

헤깔린다가 아니고 헷갈린다라고 해야지.

한글 맞춤법은 어려워. 헷갈린다, 헷갈려!

헷갈리다 여러 가지가 섞여서 구별할 수 없다.

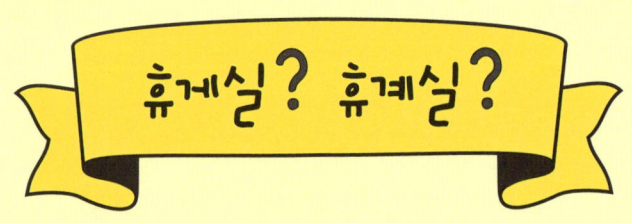

잘못된 말이 있어서
다시 붙이려고 해.

그 팻말 좀 전에 만든
건데 왜 떼고 있어?

이걸 봐.

뭐가 잘못됐는데?

우리가 쉬는 곳은 휴계실이 아니라 휴게실이라고 해.

여기 휴계실 맞는데?

휴게실이 맞구나. 오이 네가 아니었으면 틀린 채로 붙여 놓을 뻔했네.

헤헤

휴게실 잠깐 머물러 쉴 수 있도록 만들어 놓은 방

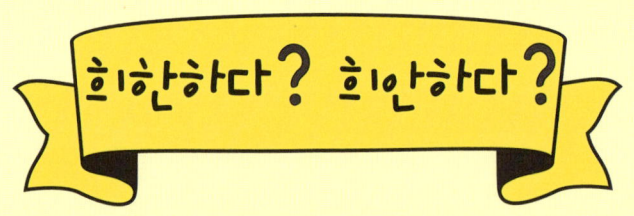

참 희안한 일이네.

뭐가?

레몽 군이 늦잠을 자다니.

그게 희안한 일이야?

평소에 한 번도 안 늦었는데
이틀 연속 지각을 했잖아.

아하! 드문 일이라는 뜻은
희안하다가 아니라
희한하다라고 해야지.

그럴구나. 내가 그걸
몰랐다니. 희한한 일이네.

맞아. 그렇게
쓰면 돼.

희한하다 매우 드물거나 신기하다.